ま え が き

　短答式試験が導入されてから現在までの出題内容を検討すると、監査論は毎年数問の正解を導くのが難しい問題が出題されています。よって、本試験で満点をとることは困難ですが、確実に正解できる問題も毎年7割程度は出題されていますので、それらの問題を確実に得点することが大事になります。そのためには、幅広い論点について正確な知識を身につけることと、短答式試験の問題に慣れることで、問題文を見落とすなどのケアレスミスをなくすことが必要です。

　本書は、公認会計士試験受験者に最低限身につけていただきたい知識が備わるよう、また短答式試験対策はもちろんのこと論文式試験の解答において「このような表現をしてはいけない」という例を示すためにも、選択肢の中で誤りの文章として掲げているものもあり、いずれにしても知識不足やケアレスミスを解消するために役立つことを目的に作成しました。

　本書は、「第1部　監査の基礎理論」、「第2部　監査実務指針編（監査基準報告書200〜910、品質管理基準報告書第1号・第2号）」、「第3部　監査基準の改訂（令和2年）等」の3部構成となっております。

　なお、本書はあくまで練習用であり偶然に正解を出しても意味がないため、それぞれの文章の正誤箇所を明確にし、納得した上で正解を導き出していただきたいと思います。

　本書が受験生の合格に貢献することを切望します。

　2023年（令和5年）5月

　　　　　　　　　　　資格の大原　公認会計士講座　監査論スタッフ一同

本書の特徴と構成

令和3年の品質管理基準の改訂、令和4年の倫理規則の改正及びそれらに伴う
監査基準報告書の改正に対応
充実した設例
・必須の知識を中心に100題を超える設例を掲載！

正誤の判断だけではなく、穴埋め
問題等の出題形式も採用。

25 個々の監査手続(1)

以下のア～オまでの文章は（　　）内にa～kに掲げてある監査手続（技術）を選んで入れることによって、まとまった文章になる。このとき、使用しなかった監査手続（技術）からのみ成り立っている組み合わせはどれか、一つ選びなさい。ただし、同一の監査手続（技術）を2回以上使用してもよい。

ア．（　　）の具体例としては、固定資産全体の帳簿価額と平均償却率を使用して減価償却費のオーバーオールテストをするということが挙げられる。

イ．（　　）は、重要な監査証拠を提供することがあり、虚偽表示の証拠を提供する可能性もあるが、通常、それのみでは、アサーション・レベルの重要な虚偽表示がないこと又は内部統制の運用状況の有効性について十分な監査証拠を提供しない。

ウ．（　　）は、取引の原点にまで遡る点において、これによって入手された監査証拠の証明力は強く、取引の真実性、会計処理の妥当性等が確かめられる。

エ．実証手続における監査証拠は、現金等の（　　）、棚卸資産等の（　　）、預金・売掛金・係争事件等の（　　）等により入手される。

オ．運用評価手続として実施する（　　）の例としては、承認の有無を確かめることがある。

a 実査　　b 立会　　c 確認　　d 質問　　e 査閲
f 記録や文書の閲覧　　g 証憑突合　　h 帳簿突合　　i 再計算
j 再実施　　k 分析的手続

1. h i　　2. c j　　3. g j　　4. c i　　5. h k

80 継続企業（監査基準報告書570）(2)

継続企業の前提に関する次の記述のうち、正しいものの組合せとして最も適切な番号を一つ選びなさい。

ア．継続企業の前提に関する監査人の責任は、経営者の作成した財務諸表における継続企業の前提に関する重要な不確実性について適切な開示が行われているか否かの判断を行い、企業の事業継続能力そのものを認定し、企業の存続を保証することである。

イ．重要な不確実性について財務諸表に適切な注記がなされている場合に設ける「継続企業の前提に関する重要な不確実性」という見出しを付した区分には、継続企業の前提に関する重要な不確実性が認められる旨及び当該事項は監査人の意見に影響を及ぼすものではない旨を記載しなければならない。

ウ．経営者は、継続企業の前提に重要な疑義を生じさせるような事象又は状況を識別したが、継続企業の前提に関する重要な不確実性は認められないと判断した場合には、有価証券報告書において、継続企業の前提に関する開示を行うことはない。

エ．監査人は、継続企業の前提に重要な疑義を生じさせるような事象又は状況に関して経営者が評価及び対応策を示さないときには、継続企業の前提に関する重要な不確実性が認められるか否かを確かめる十分かつ適切な監査証拠を入手できないことがあるため、重要な監査手続を実施できなかった場合に準じて意見の表明の適否を判断しなければならない。

1. アイ　　2. アウ　　3. アエ　　4. イウ　　5. イエ　　6. ウエ

監査論の特徴である長い問題文
にも対応。

本書の使い方

本書は公認会計士試験の短答式対策用の問題集です。

監査論の短答式試験においては、4肢6択の出題が続いています。4肢6択の問題では、一つ一つの肢を正確に判断することが重要となります。そのため、問題に正解できたからといって、その問題の解説を確認しなくていいという判断をしてはいけません。問題に正解できていても、その問題の中に判断を迷ってしまった肢があれば、その肢について本試験で正確に判断できるようにするために、解説の文章や参照規定を確認するようにしましょう。

また、本書においては、4肢6択の形式の問題も出題しておりますので、知識の習得だけではなく、本試験問題と同様の形式になれる練習としても本書をお使いください。

本試験の問題と類似の問題を掲載しています。

6 監査基準の改訂(1)

監査基準に関する次のア〜エの記述のうち、正しいものが二つある。その記号の組合せの番号を一つ選びなさい。

ア. 監査基準は、監査人の資格とその行為の尺度・達成目標について規定したものであり、現行の監査基準は日本公認会計士協会により設定されたものである。

イ. 「財務諸表には、全体として重要な虚偽の表示がない」という表現は、個々の財務諸表項目に仮に虚偽の表示が含まれていたとしても、財務諸表には投資者の意思決定に影響を与えるおそれのある虚偽表示は含まれていないということを意味している。

ウ. 昭和25年にわが国に監査基準が設けられた時に明示された監査基準の基本的性格は、平成14年の監査基準の改訂により大幅に変更された。

エ. 監査基準は、金融商品取引法の財務諸表の監査のみに適用されるものではなく、公認会計士が行う労働組合法監査においても適用される。

1. アイ　2. アウ　3. アエ　4. イウ　5. イエ　6. ウエ

6 監査基準の改訂(1)

〈解答〉5

〈解説〉

ア. 誤り。
　監査基準は、企業会計審議会が設定している。

イ. 正しい。
　記載されている通りである。

ウ. 誤り。
　監査基準の基本的性格は、昭和25年の監査基準の設定当時に明示されているが、その基本的性格は、今日においても、変わるものではないとされている。
　(監査基準の改訂について (平成14年) 二1)

エ. 正しい。
　(監査基準の改訂について (平成14年) 二3)

参照規定のある肢は、該当規定を確認しましょう。

監査論　出題論点一覧表

出題論点・テーマ	2019年第Ⅰ回	2019年第Ⅱ回	2020年第Ⅰ回	2020年第Ⅱ回	2021年第Ⅰ回	2022年第Ⅰ回	2022年第Ⅱ回	2023年第Ⅰ回
監査基準	○	○	○	○		○	○	○
一般基準	○	○	○	○	○	○	○	○
二重責任の原則		○						
公認会計士監査	○			○				○
金融商品取引法監査制度	○	○	○	○	○	○	○	
会社法監査制度	○	○	○	○	○	○	○	○
職業倫理	○							
公認会計士法		○	○	○	○	○	○	
監査の実施					○	○		
内部統制								○
監査証拠				○			○	
リスク評価手続・リスク対応手続	○	○		○				
監査手続		○			○	○		
監査リスク					○	○		○
監査上の重要性	○		○					
試査	○				○			
会計上の見積りの監査		○	○			○	○	
不正・不正リスク対応基準	○	○		○	○	○		○
監査役等とのコミュニケーション		○	○					
他の監査人の利用（グループ監査）		○			○			
専門家の業務の利用								○
監査の品質管理	○	○	○	○	○	○	○	○
監査調書		○				○		
連結財務諸表の監査								
監査報告	○	○		○	○	○		○
監査報告書	○	○		○		○		
継続企業の前提				○				
四半期レビュー	○	○	○	○	○	○	○	○
内部統制監査	○	○		○	○	○		
保証業務		○	○		○	○		○
特別目的の財務諸表等			○	○				
監査上の主要な検討事項		○	○					

目次

(注) （ ）内は解答・解説のページを示す。

第1部 監査の基礎理論

第1章 財務諸表の監査総論

第2章 監査基準総論

第3章 監査主体論

第 4 章　監査実施論

第 5 章　監査報告論

第 6 章　監査制度論

第2部　監査実務指針編

第7章　監査全般にわたる基本的事項と責任

第8章　リスク評価及び評価したリスクへの対応

第 9 章 監査証拠

第 10 章 他者の作業の利用

第11章 監査の結論及び報告

第12章 その他の考慮事項

第13章 品質管理基準報告書

第3部 監査基準の改訂（令和2年）等

問題編

第 1 部

監査の基礎理論
（法令及び企業会計審議会公表による各種基準を含む）

第1章

財務諸表の監査総論

1 金融商品取引法の目的

　金融商品取引法はその第1条において、同法の目的を明確に規定している。次のア～オの記述のうち、金融商品取引法の目的に関する記述として不適切なものはどれか、その記号の番号を一つ選びなさい。

ア．国民経済の健全な発展に資すること

イ．金融商品取引所の適切な運営を確保すること

ウ．投資者の保護に資すること

エ．有価証券及び金融商品等の取引等を公正にすること

オ．金融商品等の価格維持等を図ること

　　1．ア　　2．イ　　3．ウ　　4．エ　　5．オ

2 財務諸表の監査の目的

　監査基準の「監査の目的」1に関する次のア～オの記述のうち、誤っているものはどれか、その記号の番号を一つ選びなさい。

ア．監査の対象となる財務諸表の種類、あるいは監査の根拠となる制度や契約事項が異なっても、それに応じて、意見の表明の形式が異なることはない。

イ．監査人は、財務諸表が全ての重要な点において適正に表示しているかどうかについて、意見を表明する。

ウ．財務諸表の作成に対する経営者の責任と、当該財務諸表の適正表示に関する意見表明に対する監査人の責任との区別が明示されている。

エ．監査人が財務諸表は適正に表示されているとの意見を表明することには、財務諸表には全体として重要な虚偽の表示がないことの合理的な保証を得たとの自らの判断が含まれている。

オ．合理的な保証を得たとは、財務諸表の性格的な特徴や監査の特性などの条件により、絶対的ではないが相当程度の心証を得たことを意味する。

　1．ア　　2．イ　　3．ウ　　4．エ　　5．オ

3 監査の限界

監査の限界に関する次のア～エまでの記述のうち、明らかに誤っているものの組合せはどれか、一つ選びなさい。

ア．監査の限界とは、適切に監査を実施しなかった場合も含め、監査人がすべての重要な虚偽表示を発見できない可能性があるということを意味する。

イ．財務報告の手段である財務諸表自体に経営者の判断による事項等が含まれることが監査の限界の要因となる。

ウ．監査人による監査証拠の入手に、実務上及び法令上の限界があることが監査の限界の要因となる。

エ．監査手続の実施が容易でないこと、又は実施の時期や費用の問題は、代替手続のない監査手続を省略したり、心証を形成するに至らない監査証拠に依拠したりする理由となる。

1．アイ　　2．アウ　　3．アエ　　4．イウ　　5．イエ　　6．ウエ

4 監査人の役割

次のア～エまでの記述のうち、誤っているものの組合せはどれか、一つ選びなさい。

ア．監査人は、経営者の作成した財務諸表に重要な虚偽の表示がなされていないかどうかを確かめ、財務諸表の適否について意見を表明する責任があり、また表明した意見に対して責任を負わなければならない。

イ．監査人は、財務諸表が一般に公正妥当と認められる企業会計の基準に準拠して適正に表示されているかどうかを確かめ、財務諸表の適否に関する意見を表明するのである。

ウ．財務諸表の監査における調査対象は、財務諸表作成の基礎となった会計記録やその作成に関する行為、取引事実及び内部統制を含むことになるが、情報監査であるため、財務諸表作成上の経営者の判断・見積りまでは含まない。

エ．監査人は、財務諸表の重要な虚偽の表示を発見した場合、利害関係者保護の観点から、自ら財務諸表を修正して適正な財務諸表を作成しなければならない。

1．アイ　　2．アウ　　3．アエ　　4．イウ　　5．イエ　　6．ウエ

5 財務諸表の監査の必要性

　下記のア〜エまでの記述のうち財務諸表の監査を必要とする理由として誤っているものはいくつあるか、一つ選びなさい。

ア．財務諸表利用者と財務諸表作成者との間の物理的距離、法律的・制度的な障害があることや、財務諸表利用者自らの調査に対する経済的・時間的制約があるため。

イ．財務諸表利用者と財務諸表作成者との間に利害の対立が存在する可能性があるため。

ウ．財務諸表が歪められている場合には、利害関係者が誤った経済的意思決定を行い、その結果損害を被るなどの重要な影響を受ける可能性があるため。

エ．企業の経済活動を財務諸表に転換する過程が複雑になるに従って、財務諸表利用者自らが財務諸表の質を直接確かめることは困難となるため。

　　1．0個　　2．1個　　3．2個　　4．3個　　5．4個

第2章 監査基準総論

6 監査基準の改訂(1)

監査基準に関する次のア〜エの記述のうち、正しいものが二つある。その記号の組合せの番号を一つ選びなさい。

ア．監査基準は、監査人の資格とその行為の尺度・達成目標について規定したものであり、現行の監査基準は日本公認会計士協会により設定されたものである。

イ．「財務諸表には、全体として重要な虚偽の表示がない」という表現は、個々の財務諸表項目に仮に虚偽の表示が含まれていたとしても、財務諸表には投資者の意思決定に影響を与えるおそれのある虚偽表示は含まれていないということを意味している。

ウ．昭和25年にわが国に監査基準が設けられた時に明示された監査基準の基本的性格は、平成14年の監査基準の改訂により大幅に変更された。

エ．監査基準は、金融商品取引法の財務諸表の監査のみに適用されるものではなく、公認会計士が行う労働組合法監査においても適用される。

  1．アイ 2．アウ 3．アエ 4．イウ 5．イエ 6．ウエ

7 監査基準の改訂(2)

監査基準に関する次のア～エの記述のうち、誤っているものが二つある。その記号の組合せの番号を一つ選びなさい。

ア．平成21年の監査基準の改訂の背景の一つとして、継続企業の前提に関する注記の開示を規定している財務諸表等規則等やその監査を規定する監査基準において、一定の事象や状況が存在すれば直ちに継続企業の前提に関する注記及び追記情報の記載を要するとの規定となっているとの理解がなされていたことがある。

イ．平成22年の監査基準の改訂より前の監査報告書には、①監査の対象、②実施した監査の概要、③財務諸表に対する意見の3つの区分を記載することが求められていた。しかし、平成22年の監査基準の改訂により、①監査の対象、②経営者の責任、③監査人の責任、④監査人の意見の4つに区分することとなった。

ウ．平成22年の監査基準の改訂により、監査人による監査意見の形成過程そのものが大きく変更され、意見に関する除外及び監査範囲の制約に関して、影響の「重要性」と財務諸表全体に及ぶのかという「広範性」の2つの要素から判断が行われることが明確にされた。

エ．平成21年の監査基準の改訂より前に「継続企業の前提に関する注記」がなされてきた状況であっても、現在は、経営者の対応策等によって、継続企業の前提に関する重要な不確実性が認められなくなり、「注記」に至らない状況となる場合がある。このような場合、経営者による注記以外の情報開示が行われることはない。

1．アイ　　2．アウ　　3．アエ　　4．イウ　　5．イエ　　6．ウエ

8 報告基準

　監査基準第四　報告基準に関する次のア〜エの記述のうち、誤っているものはどれか、その記号の番号を一つ選びなさい。

ア．監査人は、財務諸表の適正性の判断に当たっては、経営者が採用した会計方針が、企業会計の基準に準拠して継続的に適用されているかどうか並びに財務諸表の表示方法が適切であるかどうかについてのみ評価することになる。

イ．監査人は、監査意見の表明に当たっては、監査リスクを合理的に低い水準に抑えた上で、自己の意見を形成するに足る基礎を得なければならない。

ウ．監査人は、除外事項を付した限定付適正意見を表明する場合には、意見の根拠の区分に、除外事項を付した限定付適正意見とした理由を記載しなければならない。

エ．監査人は、重要な監査手続を実施できなかったことにより、自己の意見を形成するに足る基礎を得られないときは、意見を表明してはならない。

　1．ア　　2．イ　　3．ウ　　4．エ

9 監査基準

監査基準に関する次のア～オの文章のうち、正しいものはどれか、一つ選びなさい。

ア．監査基準は、金融商品取引法の財務諸表の監査のみに適用されるものではなく、その他の監査、例えば会社法に基づく監査などについても適用される。しかし、これには限界があり、学校法人監査などのように性質が大きく異なる監査にまでは適用されない。

イ．監査に類似する証明の業務としていわゆるレビューがある。レビューは、限定された範囲ではあるが、財務諸表の質について証明を行う業務であるため、財務諸表全体の適正性について意見の表明を行う監査と共に、監査基準の対象とされている。

ウ．監査基準は、パブリックセクターとしての企業会計審議会とプライベートセクターとしての日本公認会計士協会が役割を分担しながら共同で設定したものである。

エ．監査基準は、監査実務の中に慣習として発達したもののなかから、一般に公正妥当と認められたところを帰納要約した原則であって、職業的監査人は、財務諸表の監査を行うに当り、法令によって強制されなくとも、常にこれを遵守しなければならないという性格を有している。

オ．監査基準は、「監査の目的」「一般基準」「実施基準」「報告基準」から構成され、さらに「実施基準」と「報告基準」を補足するものとして「監査実施準則」と「監査報告準則」が規定されている。

  1．ア　　2．イ　　3．ウ　　4．エ　　5．オ

10 監査基準の歴史

　監査基準の歴史に関する次のア～オの文章のうち、誤っているものはいくつあるか、一つ選びなさい。

ア．昭和31年改訂により、「監査報告準則」が設定された。また、監査基準の啓蒙的規定は、使命を終えたとして、この年の改訂により啓蒙的規定が削除された。

イ．昭和40年改訂により、棚卸資産に対する立会、売掛金に対する確認が、原則として、強制されることとなった。

ウ．昭和41年改訂により、意見差控と不適正意見が明確に区別されることとなった。

エ．平成３年改訂により、監査リスク・アプローチの導入、特記事項に関する規定の新設等、全面的な改訂が行われた。

オ．昭和57年には企業会計原則の一部修正に伴う改訂がなされ、また、昭和58年には後発事象に関する改訂が行われた。

　　1．0個　　2．1個　　3．2個　　4．3個　　5．4個

第 3 章
監査主体論

11 監査人

監査人に関する以下の記述のうち、適切なものの組み合わせはどれか、一つ選びなさい。

ア．未成年者は、公認会計士となることができる。

イ．財務諸表の監査は、通常、公認会計士又は監査法人の業務執行社員がただ一人で実施するのではなく、監査責任者とその補助者からなる監査チームによって行われる。

ウ．金融商品取引法監査と会社法会計監査人監査を同時に受ける会社は、両監査の監査人を同一の公認会計士又は監査法人としなければならない。

エ．監査責任者とは、被監査会社との間に締結された監査契約に基づく監査業務について一切の責任を負う者をいう。

  1．アイ   2．アウ   3．アエ   4．イウ   5．イエ   6．ウエ

12 公認会計士法(1)

公認会計士法に関する次のア〜エの記述のうち、誤っているものはどれか、その記号の番号を一つ選びなさい。

ア．無限責任監査法人は、社員の指定に関する書面による通知に代えて、被監査会社等の承諾を得て、当該書面に記載すべき事項を電磁的方法により提供することができる。この場合において、当該無限責任監査法人は、当該書面による通知をしたものとみなす。

イ．公認会計士は、監査及び会計の専門家として、独立した立場において、財務書類その他の財務に関する情報の信頼性を確保することにより、会社等の公正な事業活動、投資者及び債権者の保護等を図り、もって国民経済の健全な発展に寄与することを使命とする。

ウ．「監査法人」とは、財務書類の監査又は証明業務を組織的に行うことを目的として、公認会計士法の定めるところにより、公認会計士及び特定社員が共同して設立した法人をいう。

エ．公認会計士が罰金の刑に処されることはない。

　1．ア　　2．イ　　3．ウ　　4．エ

13 公認会計士法(2)

公認会計士法に関する次のア～エまでの記述のうち、正しいものの組合せはどれか、一つ選びなさい。

ア．大規模監査法人が、上場会社等に対して、5 会計期間連続して監査関連業務を行った場合、その監査において監査関連業務を行った筆頭業務執行社員はその後 5 会計期間は当該会社に対して監査関連業務を行ってはならない。

イ．公認会計士法に規定される欠格条項に該当した者は、それ以降公認会計士として登録することはできない。

ウ．公認会計士である社員、又は特定社員のいずれであるかを問わず、監査法人の社員が、監査法人の意思決定に関与するためには、定款の定めが必要である。

エ．監査法人を設立するためには、内閣総理大臣の認可が必要であり、監査法人を設立しようとする者は、設立前に内閣総理大臣に申請を行わなければならない。

　1．アイ　　2．アウ　　3．アエ　　4．イウ　　5．イエ　　6．ウエ

14 ローテーション

　監査業務の主要な担当者等のローテーションに関する次のア～エの記述のうち、正しいものが二つある。その記号の組合せの番号を一つ選びなさい。なお、依頼人は大会社等であり、監査法人は大規模監査法人ではないことを前提とする。

ア．監査業務の主要な担当社員等は、累積して7会計期間関与した後、必要なクーリングオフ期間を設けなければならない。筆頭業務執行責任者として累積して7会計期間関与した場合には、その後連続する5会計期間（ただし最短でも2年間）が必要なクーリングオフ期間である。

イ．監査業務の主要な担当社員等は、累積して7会計期間関与した後、必要なクーリングオフ期間を設けなければならない。監査業務に係る審査を行う者として累積して7会計期間関与した場合には、その後連続する2会計期間（ただし最短でも2年間）が必要なクーリングオフ期間である。

ウ．監査業務の主要な担当社員等は、累積して7会計期間関与した後、必要なクーリングオフ期間を設けなければならない。その他の監査業務の主要な担当社員等として累積して7会計期間関与した場合には、その後連続する2会計期間（ただし最短でも2年間）が必要なクーリングオフ期間である。

エ．7会計期間を連続して関与せずに、累積した7会計期間の範囲内で、一旦関与を外れ、再度関与する場合には、定められたクーリングオフ期間以上の期間について連続して関与を外れなかったとしても、再度関与した期間は1会計期間目の関与となる。

　　1．アイ　　2．アウ　　3．アエ　　4．イウ　　5．イエ　　6．ウエ

15 監査法人制度

　監査法人制度に関する次のア～エの記述のうち、正しいものが二つある。その記号の組合せの番号を一つ選びなさい。

ア．有限責任監査法人とは、その社員が有限責任社員のみからなる監査法人をいう。

イ．監査法人の社員のうちに公認会計士である社員の占める割合は、百分の五十以上であればよい。

ウ．監査法人の行う監査証明業務については、公認会計士である社員のみが業務を執行する権利を有し、義務を負う。

エ．監査法人は、その名称中に監査法人という文字を使用しないことが認められる。

　　1．アイ　　　2．アウ　　　3．アエ　　　4．イウ　　　5．イエ　　　6．ウエ

16 独立の立場

　財務諸表の監査における独立性に関する以下の記述のうち、適切でないものは
どれか、一つ選びなさい。

ア．一般基準2においては、監査人は、重要な監査要点に関する監査を行うに当
　たっては、常に公正不偏の態度を保持し、独立の立場を損なう利害や独立の立
　場に疑いを招く外観を有してはならないと規定している。

イ．「公正不偏の態度」とは、精神的独立性ともいわれる。

ウ．監査人に公正不偏の態度を保持することが求められるのは、公正な監査意見
　を表明し、監査の公正性を確保することによって財務諸表の監査における証明
　水準を一定以上に維持・確保し、財務諸表の監査の社会的信頼性を確保するた
　めである。

エ．利害関係者にとっては、監査人が独立の立場を損なう利害や独立の立場に疑
　いを招く外観を有していないかどうかは、監査人が公正不偏の態度を保持して
　いるかどうかの判断材料となる。

　1．ア　　2．イ　　3．ウ　　4．エ

17 公正不偏の態度及び正当な注意

次のア～エまでの記述のうち、明らかに誤っているものはどれか、一つ選びなさい。

ア．公正不偏の態度とは、被監査会社その他からの干渉や誘惑等を敢然と排除し、自らの信念や良心と監査業務によって得られた確信とに基づいて、監査業務上の一切の事柄を自主的かつ公正に判断する精神的態度を意味する。

イ．公正不偏な態度に影響を及ぼす可能性という観点から、監査人は、独立の立場を損なう特定の利害関係を有することはもとより、このような関係を有しているとの疑いを招く外観を呈することがあってはならない。

ウ．監査人が、正当な注意を払わずに虚偽証明をしたことにより投資者等の第三者に損害を与えた場合には、債務不履行に基づく損害賠償責任が生じる。

エ．公正不偏の態度を保持せず意図的に虚偽の監査証明をすれば、監査の公正性は確保されず利害関係者からの監査に対する信頼を失うことになるため、公正不偏の態度を保持することが重要視される。

1．ア　　2．イ　　3．ウ　　4．エ

18 監査人の責任(1)

　監査人に関する以下のア〜エの記述のうち正しいものはどれか、一つ選びなさい。

ア．金融商品取引法によると、有価証券届出書や有価証券報告書等に含まれる財務諸表等について虚偽の監査証明を行った監査人は、その監査報告書を信頼して利用した結果として投資者等の第三者に生じた損害を賠償すべきことが定められている。ただし、同法には、監査人が虚偽の監査証明をしなかったことについて、自らが証明した場合には責任を負うことはないとも規定されており、監査人の責任を過重にしないよう配慮している。

イ．公正不偏の態度は、監査人が業務上守るべき規範として最も重要なものである。なぜならこれが失われるなら、被監査会社に対する監査人の独立の立場を損なう利害や独立の立場に疑いを招く外観を有するおそれがあるためである。

ウ．監査人が職業的専門家としての正当な注意を払ったか否かは、他の平均的な職業的監査人と同程度の熟練と技能を有し、最善を尽くして誠実に監査を実施したかどうかによって判断されるものである。

エ．監査人は、監査業務のすべての場面において、公正不偏の態度を保持し、職業的専門家としての正当な注意を払わなければならない。監査人が監査業務を遂行するにあたりこれらの義務を守らずに虚偽の監査証明を行った場合、公認会計士法の規定により、内閣総理大臣は2年以内の業務の停止又は登録の抹消のいずれかの処分のみを下すことができる。

　1．ア　　2．イ　　3．ウ　　4．エ

19 監査人の責任(2)

監査人の責任に関する次のア～エの記述のうち、正しいものの組み合せはどれか、一つ選びなさい。

ア．監査人に対する法律上の責任には、被監査会社や第三者に対する民事責任のみならず、行政処分や刑事罰がある。

イ．公認会計士が故意に虚偽の監査証明をした場合には、内閣総理大臣は特定の場合を除き当該公認会計士に対し、監査報酬相当額の課徴金を国庫に納付することを命じなければならない。

ウ．公認会計士が、公認会計士全体の不名誉となるような行為を行った場合、公認会計士法に基づく行政処分を受けることがある。

エ．内閣総理大臣は、公認会計士が故意に、虚偽・錯誤又は脱漏のある財務書類を虚偽・錯誤又は脱漏がないものとして証明した場合には、戒告又は2年以内の業務の停止の処分をすることができる。

1．アイ　　2．アウ　　3．アエ　　4．イウ　　5．イエ　　6．ウエ

20 外観的独立性

　次のア～オの記述のうち、公認会計士法及び同施行令に照らして判断した場合、公認会計士が、公認会計士法第2条第1項の業務を行うことができると考えられるものはどれか、その記号の番号を一つ選びなさい。

ア．公認会計士が、過去1年以内に、監査対象となる財務諸表を作成している会社の役員であった場合

イ．公認会計士の配偶者が、現在、当該公認会計士に係る被監査会社等の使用人である場合

ウ．公認会計士が、被監査会社から80万円の債務を負っている場合

エ．公認会計士が、被監査会社から税理士法に基づく税理士業務により継続的な報酬を受けている場合

オ．公認会計士が、被監査会社から通常の取引価格より低い対価で事務所を賃借している場合

　1．ア　　2．イ　　3．ウ　　4．エ　　5．オ

21 職業倫理(1)

　公認会計士の職業倫理に関する次のア〜エの記述のうち、正しいものが二つある。その記号の組合せの番号を一つ選びなさい。

ア．会員（日本公認会計士協会の会員、以下同じ。）は、常に誠実に行動しなければならず、重要な虚偽又は誤解を招く陳述が含まれる情報であると認識しながら、その情報に関与してはならない。

イ．公認会計士が遵守すべき倫理上の基本原則には、誠実性、公正性、職業的専門家としての能力及び正当な注意、守秘義務、職業的専門家としての行動の原則の五つがある。

ウ．会員は、適切な場合、専門業務に存在する固有の限界につき、依頼人、所属する組織及びその専門業務の利用者に説明し、理解を得なければならない。

エ．会員は、専門業務の実施に当たっては、守秘義務を遵守しなければならないが、日常の社会生活においてまで守秘義務を負うことはない。

　1．アイ　　2．アウ　　3．アエ　　4．イウ　　5．イエ　　6．ウエ

22 職業倫理(2)

倫理規則に関する次のア〜エの記述のうち、正しいものの組合せとして最も適切な番号を一つ選びなさい。

ア. 公認会計士は、利益相反によって生じる阻害要因に対処する際、専門業務を実施することについて、影響を受ける依頼人の明示的な同意が必要と判断したにもかかわらず、依頼人の同意を得られなかった場合、専門業務の提供を終了又は辞退しなければならない。

イ. 特定の監査業務の依頼人に対する報酬依存度が高い割合を占める場合、当該依頼人に対する報酬依存度の高さ並びに当該依頼人からの監査及びその他の業務からの報酬を失うことへの懸念は、自己利益という阻害要因の水準に影響を与え、不当なプレッシャーという阻害要因を生じさせる。

ウ. 公認会計士は、法令等により禁止されている勧誘のみならず、法令等により禁止されていない勧誘であっても、受け入れることができないものがある。

エ. 倫理規則における勧誘とは、他の個人の行動に影響を与える手段として利用される金品、状況又は行動を指し、個人の行動に不適切な影響を与える意図があるものである。

1. アイ　　2. アウ　　3. アエ　　4. イウ　　5. イエ　　6. ウエ

23 職業倫理(3)

倫理規則に関する次のア～エの記述のうち、正しいものの組合せとして最も適切な番号を一つ選びなさい。

ア．会員は、生じた阻害要因に対処するために講じる、又は講じることを意図する対応策が、当該阻害要因を除去するか、又は許容可能な水準にまで軽減するかどうかに関する総合的結論を形成しなければならない。

イ．セーフガードとは、会員が阻害要因を許容可能な水準にまで効果的に軽減するために講じる、個別の、又は複合的な対応策であり、阻害要因を除去するための対応策とは区別されている。

ウ．会員は、セカンド・オピニオンを求める事業体が現任又は前任会員と協議することに同意しない場合には、セカンド・オピニオンを提供してはならない。

エ．社会的影響度の高い事業体である監査業務の依頼人に対する報酬依存度が、2年連続して15％を超える場合、監査人は、3年目以降当該依頼人に対して監査業務を行ってはならない。

1．アイ　　2．アウ　　3．アエ　　4．イウ　　5．イエ　　6．ウエ

第4章
監査実施論

24 監査証拠の分類

　監査証拠は、被監査会社の支配力の及ぶ範囲内に位置するかどうかによって外部証拠と内部証拠に分類できるが、次のア〜ケまでに示すもののうち外部証拠に該当するものはどれか、正しい組合せを一つ選びなさい。

ア．現金・有価証券等の物財

イ．取引先への領収証控

ウ．被監査会社の会計帳簿

エ．被監査会社が入手した金融機関の残高証明書

オ．取引先からの注文書

カ．被監査会社の会計伝票

キ．取締役会議事録

ク．債権債務の確認回答書

ケ．仕入先からの請求書

　1．アエキ

　2．アウキ

　3．イエク

　4．アク

　5．オカケ

25 個々の監査手続(1)

　以下のア〜オまでの文章は（　　　）内にa〜kに掲げてある監査手続（技術）を選んで入れることによって、まとまった文章になる。このとき、使用しなかった監査手続（技術）からのみ成り立っている組み合わせはどれか、一つ選びなさい。ただし、同一の監査手続（技術）を2回以上使用してもよい。

ア．（　　　）の具体例としては、固定資産全体の帳簿価額と平均償却率を使用して減価償却費のオーバーオールテストをするということが挙げられる。

イ．（　　　）は、重要な監査証拠を提供することがあり、虚偽表示の証拠を提供する可能性もあるが、通常、それのみでは、アサーション・レベルの重要な虚偽表示がないこと又は内部統制の運用状況の有効性について十分な監査証拠を提供しない。

ウ．（　　　）は、取引の原点にまで遡る点において、これによって入手された監査証拠の証明力は強く、取引の真実性、会計処理の妥当性等が確かめられる。

エ．実証手続における監査証拠は、現金等の（　　　）、棚卸資産等の（　　　）、預金・売掛金・係争事件等の（　　　）等により入手される。

オ．運用評価手続として実施する（　　　）の例としては、承認の有無を確かめることがある。

a　実査　　　b　立会　　　c　確認　　　d　質問　　　e　査閲
f　記録や文書の閲覧　　　g　証憑突合　　　h　帳簿突合　　　i　再計算
j　再実施　　　k　分析的手続

　1．hi　　　2．cj　　　3．gj　　　4．ci　　　5．hk

26 個々の監査手続(2)

監査手続に関するア〜オの記述のうち正しいものはどれか、一つ選びなさい。

ア．売上の期間配分の適切性を監査するに当たって、監査人は、決算日前後の一定期間の売上記録からサンプルを抽出し、出荷報告書の日付と突合せ、当期の売上が次期の売上と適切に区別され、計上されているかどうか確かめた。

イ．受取手形の実在性を立証するため、監査人は、被監査会社が保有している受取手形について実査を行った。このとき監査人は、監査の効率性の観点から相互融通可能で換金性の高い資産（現金、有価証券等）を同時に実査した。

ウ．監査人は、貸付金の実在性を立証するための確認回答書の受領に関して、返信のあった取引先の貸付金残高は実在していると判断する。

エ．分析的手続の適用によって、有価証券の月次の残高が過去の平均を大幅に上回っていることが判明し、また他の監査証拠から有価証券の計上に関して重要な虚偽の表示が存在する可能性が高いと判断された。このため監査人は、有価証券の実査について、会計期末に実施するという当初の計画を取りやめ、実施日を大幅に前倒しして期中にのみこれを実施することに計画を修正した。

オ．監査人は、貸付金に関する貸倒引当金の監査に際して、貸倒引当金の計上を必要とする事象等について経営者に質問を行うとともに、計上金額の合理性について貸付先に積極的確認を行った。

1．ア　　2．イ　　3．ウ　　4．エ　　5．オ

27 個々の監査手続(3)

以下の文章のうち、正しいものの組み合わせはどれか、一つ選びなさい。

ア．確認を実施する際の確認状の送付先として、預金ならば銀行、売掛金ならば得意先、買掛金ならば仕入先を挙げることができる。

イ．監査人は、観察によって、ある手続の一時点における適切な実施が確かめられた場合には、当該手続が監査対象期間を通じて適切に実施されていると判断することができる。

ウ．会社が、棚卸資産の実地棚卸を決算日以外の日に行った場合、その日の実地棚卸に監査人が立会をしても、それは本来意味している立会とはいえない。

エ．質問とは、財務諸表に関連する情報について、監査人が経営者、従業員又は外部の関係者に問い合わせて、説明又は回答を求める監査手続であり、書面又は電磁的記録による質問と口頭による質問とがある。

1．アイ　　2．アウ　　3．アエ　　4．イウ　　5．イエ　　6．ウエ

28 監査の品質管理

監査の品質管理に関する次のア～オの記述のうち、誤っているものはどれか、その記号の番号を一つ選びなさい。

ア．品質管理基準は、公認会計士による監査業務の質を合理的に確保するためのものであり、監査基準とともに一般に公正妥当と認められる監査の基準を構成し、監査基準と一体となって適用されるものである。

イ．監査実施の責任者は、監査業務の質を、主体的に管理し、合理的に確保するために、監査事務所が実施する業務の内容及び状況並びに監査事務所の性質及び状況を考慮した上で、職業的専門家としての判断に基づき、品質管理システムを適切に整備し、運用しなければならない。

ウ．監査実施の責任者は、監査契約の新規の締結及び更新が、監査事務所の定める方針又は手続に従って適切に行われていることを確かめなければならない。また、監査実施の責任者は、当該契約の新規の締結及び更新の適切性に重要な疑義をもたらす情報を入手した場合には、監査事務所に、当該情報を速やかに報告しなければならない。

エ．監査実施の責任者は、監査事務所から伝達された特定の監査業務に関する発見事項が監査意見の適切な形成に影響を与えていないこと及び必要な措置が適時かつ適切に講じられたかを確かめなければならない。

オ．監査事務所は、(1)監査事務所のリスク評価プロセス、(2)ガバナンス及びリーダーシップ、(3)職業倫理及び独立性、(4)監査契約の新規の締結及び更新、(5)業務の実施、(6)監査事務所の業務運営に関する資源、(7)情報と伝達、(8)品質管理システムのモニタリング及び改善プロセス、(9)監査事務所間の引継からなる、品質管理システムを設けなければならない。

1．ア　　2．イ　　3．ウ　　4．エ　　5．オ

第 5 章

監査報告論

29 報告基準

次のア～オの記述のうち、「監査基準第四 報告基準一 基本原則」の規定に照らして、誤っているものはどれか、その記号の番号を一つ選びなさい。

ア．自己の意見を形成するに足る基礎を得られなかったときは、意見を表明してはならない。

イ．監査人は、監査意見の表明に当たっては、監査リスクを合理的に低い水準に抑えた上で、自己の意見を形成するに足る基礎を得なければならない。

ウ．監査人は、財務諸表の適正性の判断に当たって、経営者が採用した会計方針が、企業会計の基準に準拠して継続的に適用されているかに加えて、その選択及び適用方法が会計事象や取引を適切に反映するものであるかどうかについて評価すればよい。

エ．監査人は、適正性に関する意見を表明する場合には、経営者の作成した財務諸表が、一般に公正妥当と認められる企業会計の基準に準拠して、企業の財政状態、経営成績及びキャッシュ・フローの状況を全ての重要な点において適正に表示しているかどうかについて意見を表明しなければならない。

オ．監査人が、意見の表明に先立ち受けなければならない審査は、品質管理の方針及び手続に従った適切なものでなければならない。

1．ア　2．イ　3．ウ　4．エ　5．オ

30 監査報告⑴

次のア〜エまでの記述のうち、正しいものの組み合わせはどれか、一つ選びなさい。

ア．監査報告書は、監査実施の内容と結論を報告する手段であるとともに、監査人が自己の責任を正式に認める手段である。

イ．現行の報告基準は、監査意見の形成と表明に当たっての監査人による判断の規準を示すことではなく、監査報告書の記載要件を示すことに重点を置いて規定されている。

ウ．金融商品取引法監査における、除外事項を付した限定付適正意見の監査報告書や、不適正意見の監査報告書は、長文式監査報告書である。

エ．被監査会社との間に特別の利害関係を有している公認会計士が、その利害関係の内容を自ら行う財務諸表の監査に係る監査報告書に記載することはないと考えられる。

　1．アイ　　2．アウ　　3．アエ　　4．イウ　　5．イエ　　6．ウエ

31 監査報告⑵

金融商品取引法に基づく財務諸表の監査の監査報告書に関する次のア～オの記述のうち、正しいものはどれか、その記号の番号を一つ選びなさい。

ア．監査人は、重要な監査手続を実施し、自己の意見を形成するに足る基礎を得た結果として、財務諸表が不適正である旨の意見を表明することがある。

イ．金融商品取引法に基づく財務諸表の監査の監査報告書には、短文式監査報告書と長文式監査報告書があり、どちらも文言や様式が標準化されている。

ウ．会計事象や取引について適用すべき会計基準等が明確でない場合、監査人は、監査範囲の制約による除外事項を付した限定付適正意見を表明するか、または意見を表明してはならない。

エ．将来の帰結が予測し得ない事象又は状況について、財務諸表に与える当該事象又は状況の影響が複合的かつ多岐にわたる場合には、監査人は意見を表明してはならない。

オ．監査報告書の宛先は、通常、「利害関係者殿」又は「株主殿」とされる。

　1．ア　　2．イ　　3．ウ　　4．エ　　5．オ

第 6 章
監査制度論

32 金融商品取引法に基づく開示制度(1)

金融商品取引法に基づく開示制度に関する次のア～エまでの記述のうち、正しいものの組合せはどれか、一つ選びなさい。

ア．有価証券報告書を作成しなければならない会社において、監査公認会計士の異動があった場合には、当該会社は監査公認会計士の異動に関する事項を記載した臨時報告書を作成し、公認会計士又は監査法人の監査証明を受けなければならない。

イ．上場会社が、四半期報告書の訂正報告書を内閣総理大臣に提出する場合には、当該訂正四半期報告書の記載内容に係る確認書の提出が求められる。

ウ．監査法人が、財務諸表の監査を実施した場合、実施した監査等の従事者、監査日数その他当該監査等に関する事項の概要を記載した概要書を内閣総理大臣に提出することが求められ、公認会計士が、財務諸表の監査を実施した場合には、当該概要書を財務局長等に提出しなければならない。

エ．内閣総理大臣は、相当の注意を怠り重大な虚偽の監査証明をした公認会計士の監査証明に関連して、1年以内の期間を定めて、当該期間内に提出される有価証券届出書、有価証券報告書又は内部統制報告書で当該公認会計士の監査証明に係るものの全部又は一部を受理しない旨の決定をすることができる。

1．アイ　　2．アウ　　3．アエ　　4．イウ　　5．イエ　　6．ウエ

33 金融商品取引法に基づく開示制度(2)

　金融商品取引法に基づく開示制度等に関する次のア～エまでの記述のうち、正しいものの組合せはどれか、一つ選びなさい。

ア．金融商品取引法の目的は、金融商品取引所の適切な運営を確保すること等により、有価証券の発行及び金融商品等の取引を公正にし、有価証券の流通を円滑にする他、資本市場の機能の十全な発揮による金融商品等の公正な価格形成等を図り、有価証券自体の価値を保証することにより、国民経済の健全な発展及び投資者の保護に資することにある。

イ．内閣総理大臣は、公益又は投資者保護のため必要かつ適切であると認めるときは、監査証明を行った公認会計士又は監査法人に対し、参考となるべき報告又は資料の提出を命ずることができる。

ウ．有価証券報告書、半期報告書及び四半期報告書の内閣総理大臣への提出期限は、それぞれ各会計期間終了後の3ヵ月以内である。

エ．公認会計士又は監査法人は、監査証明業務に当たり、被監査会社による法令違反等事実を発見したときは、当該会社に対し、当該事実の内容及び当該事実に係る法令違反の是正等の措置を取るべき旨を遅滞なく書面等により通知しなければならない。また、書面等による通知後、一定の日数が経過したにもかかわらず当該会社が適切な措置を取らない場合において、法令違反等事実が当該会社の財務計算に関する書類の適正性の確保に重大な影響を及ぼすおそれがあり、重大な影響を防止するために必要であると認めるときには、当該事項に関する意見を内閣総理大臣に申し出なければならない。

1．アイ　　2．アウ　　3．アエ　　4．イウ　　5．イエ　　6．ウエ

34 会社法監査制度(1)

　会社法監査に関する以下のア〜エまでの記述のうち、適切でないものはどれか、一つ選びなさい。(なお、監査等委員会設置会社及び指名委員会等設置会社は除く。)

ア．会社法によれば、大会社とは、最終事業年度に係る貸借対照表に資本金として計上した額が5億円以上かつ負債の部に計上した額の合計額が200億円以上の株式会社であり、このような会社は、計算書類及びその附属明細書について、会計監査人の監査を受けなければならない。

イ．大会社においては、利害関係者が多数にのぼり、公正な会計報告の重要性はきわめて大きく、又、監査役の監査は一般に独立性、能力などの点でも限界があるため、計算書類及びその附属明細書の監査は会計及び監査の職業的専門家に委ねることが望ましいことから、昭和49年に会計監査人の監査が導入された。

ウ．監査報告に当たり、会計監査人が監査役会又は監査役と意見を異にするときは、会計監査人は定時総会に出席してその意見を述べることができ、また、定時総会で会計監査人の出席を求める決議があったときは、出席して意見を述べなければならない。

エ．会社法は、監査役が会計監査人の監査の方法と結果の相当性を審査するという体制を用意している。監査役は、会計監査人の監査の方法又は結果を相当でないと認めたときは、その旨及びその理由を監査報告書に記載する。

　1．ア　　2．イ　　3．ウ　　4．エ

35 会社法監査制度(2)

　会社法監査制度に関する次のア〜オの記述のうち、誤っているものはどれか、その記号の番号を一つ選びなさい。

ア．会計監査人は、公認会計士又は監査法人でなければならない。会計監査人に選任されたものが監査法人である場合、当該監査法人は、その社員の中から会計監査人の職務を行うべき者を選定し、これを会社に通知しなければならない。

イ．株式会社の子会社若しくはその取締役、会計参与、監査役若しくは執行役から公認会計士若しくは監査法人の業務以外の業務により継続的な報酬を受けている者は、会計監査人となることができない。

ウ．会計監査人は、会社法の定めるところにより、株式会社の計算書類及びその附属明細書、臨時計算書類並びに連結計算書類を監査する。この場合において、会計監査人は、法務省令で定めるところにより、会計監査報告を作成しなければならない。

エ．監査役設置会社（監査役が2名以上いる場合）において、取締役が会計監査人の選任に関する議案を株主総会に提出するには、監査役全員の同意が必要となる。

オ．監査役設置会社（監査役が2名以上いる場合）において、会計監査人が、①職務上の義務に違反し、又は職務を怠ったとき、②会計監査人としてふさわしくない非行があったとき、③心身の故障のため、職務の執行に支障があり、又はこれに堪えないとき、のいずれかに該当するときは、監査役全員の同意によって、その会計監査人を解任することができる。

　　1．ア　　2．イ　　3．ウ　　4．エ　　5．オ

36 決算日程等

会社法監査制度に関する次のア〜エまでの記述のうち、正しいものの組合せはどれか、一つ選びなさい。

ア．会社法における会計監査人の監査報告書日後、金融商品取引法における監査人の監査報告書の日付までに発生した後発事象は、修正後発事象であったとしても、金融商品取引法に基づいて作成される財務諸表においては、開示後発事象に準じて取り扱われる。

イ．会計監査人は、計算書類を受領した日から4週間を経過した日までに、特定監査役及び特定取締役に対して、会計監査報告の内容を通知しなければならず、それより後の日付となることはない。

ウ．会計監査人が、その会計監査報告の内容を特定監査役及び特定取締役に通知すべき日までに通知しない場合には、当該通知をすべき日に、計算関係書類については、会計監査人の監査を受けたものとみなされる。

エ．会計監査人設置会社においては、計算書類及び事業報告並びにこれらの附属明細書について、会計監査人の監査を受けなければならない。

1．アイ　　2．アウ　　3．アエ　　4．イウ　　5．イエ　　6．ウエ

37 保証業務(1)

保証業務に関する次のア〜エまでの記述のうち、正しいものの組合せはどれか、一つ選びなさい。

ア．主題には、定量的か定性的か、客観的か主観的か、確定的か予測的か、一定時点に関するものか一定期間にわたるものか、といった異なる性格があり、保証報告書には、かかる主題の性格を記載する必要がある。

イ．保証業務は、合理的保証業務と限定的保証業務に分類することができるが、これは、保証業務リスクの程度による分類であるため、結論が積極的形式、消極的形式いずれの形式で表明されるかとは関係がない。よって、合理的保証業務であっても、消極的形式により結論を表明することができる。

ウ．業務実施者が固有リスク、統制リスク、発見リスクを検討する程度は、業務環境、特に主題の性質及び合理的保証業務か限定的保証業務かの区別により影響を受ける。

エ．業務実施者が、財務情報の作成及び作成への関与を行う業務は、業務実施者が主題及び主題情報に対して責任の一部を担うことになることから、保証業務に該当しないが、業務実施者が、主題に責任を負う者又は特定の利用者との間で合意された手続に基づき発見した事項のみを報告する業務は保証業務の一つに位置付けられている。

1．アイ　　2．アウ　　3．アエ　　4．イウ　　5．イエ　　6．ウエ

38 保証業務(2)

保証業務に関する次のア～エの記述のうち、正しいものが二つある。その記号の組合せの番号を一つ選びなさい。

ア．主題に責任を負う者が自己の責任において主題情報を想定利用者に提示しない場合に、業務実施者が、主題それ自体について一定の規準によって評価又は測定した結果を結論として表明しても当該業務は保証業務とはいえない。

イ．主題に責任を負う者は、想定利用者の１人となることはできるが、唯一の利用者となることはできない。

ウ．業務実施者は、独立の立場から公正不偏の態度を保持することが最も重視されるが、自らが主題に責任を負う者及び想定利用者になることが例外的に認められる場合がある。

エ．主題がどのように評価又は測定されているのかを理解するためには、想定利用者にも規準が利用可能であることが求められる。

1．アイ　　2．アウ　　3．アエ　　4．イウ　　5．イエ　　6．ウエ

39 内部統制の監査(1)

　内部統制の評価及び監査に関する次のア～オの記述のうち、誤っているものはどれか、その記号の番号を一つ選びなさい。

ア．全社的な内部統制については、原則として、すべての事業拠点について全社的な観点で評価する。ただし、財務報告に対する影響の重要性が僅少である事業拠点に係るものについては、その重要性を勘案して、評価対象としないことができる。

イ．内部統制監査は、原則として、財務諸表監査と同一の監査人が実施することから、監査人は、内部統制監査の計画を財務諸表監査の監査計画に含めて策定する。

ウ．内部統制の有効性の評価の検証については、監査の水準で行われることになるため、合理的保証業務に該当すると考えられる。

エ．我が国の内部統制報告制度では、監査人が、経営者が実施した内部統制の評価について監査する以外に、内部統制そのものを監査し、報告することも予定されている。

オ．財務諸表の監査と内部統制の監査で得られた監査証拠は相互に利用可能である。

　　1．ア　　2．イ　　3．ウ　　4．エ　　5．オ

40 内部統制の監査(2)

内部統制の評価及び監査に関する次の記述のうち、正しいものの組合せとして最も適切な番号を一つ選びなさい。

ア．開示すべき重要な不備があり、内部統制が有効ではない場合、監査人が、無限定適正意見を表明することはできない。

イ．内部統制報告書において、経営者が決定した評価範囲に関して不適切なものがあり、その影響が無限定適正意見を表明することができない程度に重要な場合、監査人は、無限定適正意見を表明することはできない。

ウ．監査人は、経営者がやむを得ない事情により内部統制の一部について十分な評価手続を実施できなかったが、内部統制報告書において財務報告に係る内部統制は有効であると結論付けている場合には、内部統制監査報告書において、無限定適正意見を表明することはできない。

エ．重要な監査手続を実施できなかったこと等により、内部統制報告書全体に対する意見表明のための基礎を得ることができなかった場合、監査人は、無限定適正意見を表明することはできない。

1．アイ　　2．アウ　　3．アエ　　4．イウ　　5．イエ　　6．ウエ

41 四半期レビュー(1)

　四半期レビューに関する次のア～エまでの記述のうち、正しいものの組合せは
どれか、一つ選びなさい。

ア．監査人は、四半期レビューの当初の計画に、四半期財務諸表に、企業の財政
　　状態、経営成績及びキャッシュ・フローの状況を重要な点において適正に表示
　　していない事項が存在する可能性を勘案した、追加的な手続の実施を含めなけ
　　ればならない。

イ．監査人が備えるべき要件及び監査に対する姿勢について定めている監査基準
　　の一般基準及び監査に関する品質管理基準は、四半期レビューにも適用される。

ウ．当四半期会計期間に継続企業の前提に重要な疑義を生じさせるような事象又
　　は状況が認められた場合、監査人は、当該四半期会計期間末から1年間につい
　　て経営者の行った評価及び1年間についての対応策についての検討を行わなけ
　　ればならない。

エ．四半期レビューの目的は、経営者の作成した四半期財務諸表について、一般
　　に公正妥当と認められる四半期財務諸表の作成基準に準拠して、企業の財政状
　　態、経営成績及びキャッシュ・フローの状況を適正に表示していないと信じさ
　　せる事項が全ての重要な点において認められなかったかどうかに関し、監査人
　　が自ら入手した証拠に基づいて判断した結果を結論として表明することにある。

　1．アイ　　2．アウ　　3．アエ　　4．イウ　　5．イエ　　6．ウエ

42 四半期レビュー(2)

四半期レビューに関する次のア～エまでの記述のうち、正しいものの組合せはどれか、一つ選びなさい。

ア．四半期レビュー報告書において無限定の結論が表明される場合、監査人の責任は独立の立場から四半期財務諸表に対する結論を表明することにあること、一般に公正妥当と認められる四半期レビューの基準に準拠して四半期レビューを行ったことが、結論の根拠の区分に記載される。

イ．四半期レビューは、質問と分析的手続を基本とした限定された手続であることから、積極的に継続企業の前提に関する重要な不確実性が認められるか否かを確かめることは求められていない。

ウ．監査人は、経営者の作成した四半期財務諸表について、企業の財政状態、経営成績及びキャッシュ・フローの状況を重要な点において適正に表示していないと信じさせる事項が認められ、除外事項を付した限定付結論を表明する場合には、結論の根拠の区分に、修正すべき事項、可能であれば当該事項が四半期財務諸表に与える影響及びこれらを踏まえて除外事項を付した限定付結論とした理由を記載しなければならない。

エ．監査人は、重要な四半期レビュー手続を実施できなかったことにより、無限定の結論を表明できない場合において、その影響が四半期財務諸表全体に対する結論の表明ができないほどではないと判断したときは、除外事項を付した限定付結論を表明しなければならない。この場合には、結論の根拠の区分に、実施できなかった四半期レビュー手続、可能であれば当該事実が影響する事項及びこれらを踏まえて除外事項を付した限定付結論とした理由を記載しなければならない。

1．アイ　　2．アウ　　3．アエ　　4．イウ　　5．イエ　　6．ウエ

第2部

監査実務指針編

（監査基準報告書200〜910、
品質管理基準報告書第1号）

第7章

監査全般にわたる基本的事項と責任

43 財務諸表監査における総括的な目的
（監査基準報告書200）

　財務諸表監査の目的に関する次のア～オの記述のうち、誤っているものが一つある。その記号の番号を一つ選びなさい。

ア．財務諸表監査は、経営者、又は、監査役若しくは監査役会、監査等委員会又は監査委員会の責任を軽減するものではない。

イ．監査人の意見表明は、財務諸表全体の適正性に関するものであるため、監査人は、財務諸表全体にとって重要でない虚偽表示を発見する責任は負っていない。

ウ．監査人の発見事項に従って、財務諸表について監査意見を表明するとともに、監査基準報告書により要求されるコミュニケーションを行うことは、財務諸表監査の実施における監査人の総括的な目的の一つである。

エ．監査人は、合理的な保証を得るため、監査リスクを許容可能な低い水準に抑える十分かつ適切な監査証拠を入手しなければならない。それにより、監査人は、意見表明の基礎となる結論を導くことができる。

オ．財務諸表監査の監査人の意見には、企業の将来の存続可能性を保証したり、経営者による業務遂行の効率性や有効性を保証するという側面も含まれている。

　　1．ア　　2．イ　　3．ウ　　4．エ　　5．オ

44 職業的懐疑心
(監査基準報告書200)

職業的懐疑心に関する次のア〜エの記述のうち、正しいものの組合せはどれか、一つ選びなさい。

ア．職業的専門家としての懐疑心とは、誤謬又は不正による虚偽表示の可能性を示す状態に常に注意し、監査証拠を鵜呑みにせず、批判的に評価する姿勢をいう。

イ．職業的懐疑心とは、経営者が誠実であるとも不誠実であるとも想定しないという中立的な観点の概念であり、記録や証憑書類の信頼性について、疑念を抱くことは含まない。

ウ．職業的懐疑心は、監査証拠を批判的に評価するために必要である。

エ．監査人は、過去の経験に基づいて、職業的懐疑心を保持する必要性を軽減することができる。

1．アイ　　2．アウ　　3．アエ　　4．イウ　　5．イエ　　6．ウエ

45 監査業務の契約条件の合意
（監査基準報告書210）

監査業務の契約に関する次の記述のうち、正しいものの組合せとして最も適切な番号を一つ選びなさい。

ア．監査契約に係る予備的な活動を実施する目的は、監査契約を締結できる程度に監査リスクを低い水準に抑えるために、監査の遂行に支障をきたす可能性のある事象又は状況をあらかじめ網羅的に検討することにある。

イ．継続監査において、事業年度ごとに新規の監査契約書は取り交わさない。

ウ．経営者は、経営者及び監査人が必要と判断した情報の全てを監査人に提供しなければならないが、被監査会社の機密情報については、その中に含まれない。

エ．監査人は、経営者が監査業務の契約条件において監査人の作業の範囲に制約を課しており、その制約により、財務諸表に対する意見を表明しないことになると判断した場合、監査契約を新規に締結又は更新してはならない。

1．アイ　　2．アウ　　3．アエ　　4．イウ　　5．イエ　　6．ウエ

46 監査業務における品質管理
（監査基準報告書220）（1）

　監査業務における品質管理に関する次の記述のうち、正しいものが二つある。その記号の組合せの番号を一つ選びなさい。

ア．監査チームには、監査事務所が所属するネットワーク外の専門家が含まれる。

イ．監査責任者は、監査事務所が定める品質管理のシステムに準拠し、実施する監査業務の全体的な品質の管理と達成に責任を負わなければならない。

ウ．監査責任者は、審査完了日以降の日付を監査報告書日としなければならない。

エ．監査チーム内で、監査上の判断の相違が生じた場合、監査チームは、監査事務所の方針及び手続に従って監査上の判断の相違に対処し、これを解決しなければならない。しかし、監査報告書の提出期限までに判断の相違が解決できないと見込まれる場合には、監査責任者の判断により監査報告書が発行される。

　1．アイ　　2．アウ　　3．アエ　　4．イウ　　5．イエ　　6．ウエ

47 監査業務における品質管理
（監査基準報告書220）(2)

監査業務における品質管理に関する次の記述のうち、正しいものが二つある。その記号の組合せの番号を一つ選びなさい。

ア．監査事務所が定めた品質管理のシステムに不備が存在した場合には、当該品質管理のシステムの下で行われた個々の監査業務が職業的専門家としての基準及び法令等を遵守して実施されなかったことを意味する。

イ．中間監査は年度監査の一環として行われるものとして位置付けられるが、中間監査の品質管理は、その重要性に鑑み、年度監査における品質管理の一環として行われることはない。

ウ．監査に対する審査とは、審査担当者によって監査報告書日以前に実施される、監査チームが行った重要な判断及び到達した結論についての客観的評価をいう。

エ．監査チームは、監査契約の新規の締結及び更新に関して到達した結論について監査調書に記載しなければならない。

　1．アイ　　2．アウ　　3．アエ　　4．イウ　　5．イエ　　6．ウエ

48 監査調書（監査基準報告書230）

　監査調書に関する次のア～エの記述のうち、正しいものが一つある。その記号の番号を一つ選びなさい。

ア．監査ファイルとは、紙媒体、電子媒体等に記録された、特定の監査業務に関する監査調書をとりまとめたファイルをいう。

イ．監査人は、機密情報の漏洩防止の観点から、経営者、監査役若しくは監査役会、監査等委員会又は監査委員会及びその他の者と重要な事項について協議した場合には、その内容や、協議を実施した日及び協議の相手方等については記録を残すことが認められていない。

ウ．監査人は、重要な事項に関する結論を形成する過程において、矛盾した情報を識別した場合には、矛盾しているポイントについて詳細に文書化しなければならないが、監査人がどのようにその矛盾した情報に対応したかについて、文書化することは求められていない。

エ．監査人は、第x1期の監査報告書日後に新たに又は追加的に第x1期の監査のための監査手続を実施することはできない。

　　1．ア　　2．イ　　3．ウ　　4．エ

49 財務諸表監査における不正
（監査基準報告書240）（1）

財務諸表監査における不正に関する次のア～エの記述のうち、正しいものが二つある。その記号の組合せの番号を一つ選びなさい。

ア．監査人が不正を発見できるかどうかは、不正の巧妙さや改ざんの頻度と程度、共謀の程度、関与した者の組織上の地位などにより影響を受ける。しかし、改ざんされた個々の金額の重要性、すなわち、金額の多寡が不正発見の可能性に影響を与えることはない。

イ．不正とは、不当又は違法な利益を得るために他者を欺く行為を伴う、経営者、取締役、監査役等、従業員又は第三者による意図的な行為をいう。

ウ．監査人は、記録や証憑書類の真正性に疑いを抱く理由がある場合を除いて、通常、記録や証憑書類を真正なものとして受け入れることができる。

エ．経営者による内部統制を無効化するリスクが存在するかどうかは、企業の置かれた環境によって異なり、経営者による内部統制を無効化するリスクが存在しない企業も存在する。

1．アイ　　2．アウ　　3．アエ　　4．イウ　　5．イエ　　6．ウエ

50 財務諸表監査における不正
(監査基準報告書240)(2)

財務諸表監査における不正に関する次のア～オの記述のうち、正しいものが一つある。その記号の番号を一つ選びなさい。

ア．不正を防止し発見する基本的な責任は経営者が負っているため、取締役会及び監査役等は不正の防止・発見に関する責任を負わない。

イ．監査人は、不正によるか誤謬によるかを問わず、全体としての財務諸表に重要な虚偽表示がないことについて合理的な保証を得なければならない。

ウ．経営者に対する質問は、経営者不正による重要な虚偽表示リスク及び従業員不正による重要な虚偽表示リスクのいずれに関しても有益な情報を入手することができる可能性が高い。

エ．監査チームのメンバーは、経営者、取締役及び監査役等が信頼でき誠実であるという考えのもとで討議を行わなければならない。

オ．監査人が、不正が存在又は存在するかもしれない証拠を入手した場合は、些細な事項である場合を除いて、速やかに、適切な階層の経営者に注意を喚起することが重要である。

1．ア　2．イ　3．ウ　4．エ　5．オ

51 財務諸表監査における法令の検討
（監査基準報告書250）

違法行為に関する次のア～オの記述のうち、正しいものが一つある。その記号の番号を一つ選びなさい。

ア．財務諸表監査の監査人は、企業の会計に関連する違法行為の防止に対して責任を負うことになる。

イ．監査上問題となる違法行為とは、経営者、監査役等又は従業員による企業の構成員が関与する法令違反であり、この違法行為には、企業の事業活動に関連しない経営者、監査役等又は従業員による違法行為も含まれる。

ウ．監査人は、監査の実施過程で気付いた違法行為又はその疑いに関連する事項が、些細なものであったとしても監査役等に報告しなければならない。

エ．監査人は、違法行為が財務諸表に重要な影響を及ぼし、かつ財務諸表に適切に反映されていないと判断した場合、限定意見を表明するか又は意見を表明してはならない。

オ．監査人は、違法行為を識別した又はその疑いがある場合、法令により、適切な規制当局に対し報告することが求められているかどうかを判断しなければならない。

1．ア 2．イ 3．ウ 4．エ 5．オ

52 監査役等とのコミュニケーション
（監査基準報告書260）

　監査役等とのコミュニケーションに関する次のア～エまでの記述のうち、正しいものの組合せはどれか、一つ選びなさい。

ア．監査人は監査役等とのコミュニケーションについては、契約時等の特定の段階のみではなく、適時に行わなければならない。

イ．監査役等との有効なコミュニケーションには、正式な報告会だけではなく、協議等の簡略的なコミュニケーションが含まれることがあるが、いずれも監査人と監査役等の対面形式により行われるものであり、書面によるコミュニケーションは有効なコミュニケーションとはいえない。

ウ．監査人は、すべての会社における監査役等とのコミュニケーションにおいて、監査人の独立性に関して書面又は電磁的記録により報告する必要がある。

エ．監査人は、監査役等に対し、会計方針、会計上の見積り及び財務諸表の表示及び注記事項を含む、企業の会計実務の質的側面のうち重要なものについての監査人の見解だけではなく、経営者に要請した経営者確認書の草案についてもコミュニケーションを行わなければならない。

1．アイ　　2．アウ　　3．アエ　　4．イウ　　5．イエ　　6．ウエ

53 内部統制の不備に関するコミュニケーション
（監査基準報告書265）

内部統制の不備に関するコミュニケーションに関する次のア〜オの記述のうち、誤っているものが二つある。その記号の組合せの番号を一つ選びなさい。

ア．監査人は、重要な虚偽表示リスクを識別し評価する際、監査に関連する内部統制システムを理解することが求められている。当該リスク評価の実施に際して、監査人は、状況に応じた適切な監査手続を立案するため内部統制システムを検討するが、これは、内部統制の有効性に対する意見を表明するためのものである。

イ．内部統制の不備とは、内部統制の整備・運用が不適切であり、財務諸表の虚偽表示を適時に防止又は発見・是正できない場合を指し、財務諸表の虚偽表示を適時に防止又は発見・是正するのに必要な内部統制が存在しない場合は除かれる。

ウ．監査人は、内部統制の不備を識別した場合、実施した監査手続に基づいて、内部統制の不備が、単独で又は複数組み合わさって重要な不備となるかどうかを判断しなければならない。

エ．監査人は、監査の過程で識別した重要な不備を、適時に、書面又は電磁的記録により監査役等に報告しなければならない。

オ．監査人は、内部統制の不備に該当するかどうかを判断するため、監査人の発見事項に関連する事実と状況について適切な階層の経営者と協議することがある。この場合における発見事項について協議する適切な階層の経営者とは、関連する内部統制の領域に精通しており、識別した内部統制の不備に対する是正措置を講じる権限を有する者である。

1．アイ　　2．アオ　　3．イエ　　4．ウエ　　5．ウオ

第8章
リスク評価及び評価したリスクへの対応

54 監査計画（監査基準報告書300）（1）

監査計画に関する次のア～オの記述のうち、正しいものが二つある。その記号の組合せの番号を一つ選びなさい。

ア．監査計画の策定にあたっては、当該監査に関与する監査チーム内のすべての者が、監査計画の策定に参画しなければならない。

イ．監査人は、監査の基本的な方針を策定するための指針となるように、監査業務の範囲、監査の実施時期及び監査の方向性を設定した詳細な監査計画を作成しなければならない。

ウ．監査人が監査計画の内容について経営者と協議することは、監査の実施と管理を円滑にすることに役立つと考えられるが、監査の有効性を損なう可能性もあるため、監査人が監査計画の内容について経営者と協議することは認められていない。

エ．監査計画の策定は、監査期間全体、すなわち、前年度の監査の終了直後、又は前年度の監査の最終段階から始まり、当年度の監査の終了まで継続する連続的かつ反復的なプロセスである。

オ．詳細な監査計画は、監査の基本的方針より詳細で、監査チームのメンバーが実施すべき監査手続の種類、時期及び範囲を含むものである。

1．アイ　　2．アウ　　3．ウオ　　4．イエ　　5．エオ

監査計画に関する次のア～オの記述のうち、正しいものが二つある。その記号の組合せの番号を一つ選びなさい。

ア．監査人は、監査を効果的かつ効率的に実施するために、監査計画を策定しなければならない。

イ．初年度監査においては、監査人は、通常、継続監査とは異なり、監査計画の策定時に考慮できる企業における監査経験がないため、計画活動をより狭く実施する場合がある。

ウ．監査人は、通常、リスク対応手続の結果に基づき、リスク評価手続の計画を作成する。

エ．監査人は、全てのリスク対応手続に係る詳細な監査計画を作成する前であっても、一部の取引種類、勘定残高及び注記事項に関するリスク対応手続を実施することがある。

オ．監査人は、内部統制の運用評価手続により入手した監査証拠と実証手続の実施過程で入手した監査証拠が矛盾するだけで、監査計画を修正することはない。

1．アウ　　2．アエ　　3．イエ　　4．イオ　　5．ウオ

56 企業及び企業環境の理解を通じた重要な虚偽表示リスクの識別と評価（監査基準報告書315）（1）

重要な虚偽表示リスクの識別と評価に関する次のア～エの記述のうち、正しいものが二つある。その記号の組合せを一つ選びなさい。

ア．関連するアサーションを識別していないが重要性のある取引種類、勘定残高又は注記事項に重要な虚偽表示リスクがないとした監査人の評価が、引き続き適切であるかどうかを評価しなければならない。

イ．不適切な企業目的及び戦略の設定に起因するリスクは、事業上のリスクには該当しない。

ウ．監査人は、質問のみにより、内部統制のデザインと業務への適用についてのリスク評価手続の目的を達成することができる。

エ．監査人には、内部統制を含む、企業及び企業環境の理解の過程においては、リスク評価手続として、経営者等への質問、分析的手続、観察及び記録や文書の閲覧の全ての手続の実施が要求されている。

1．アイ　　2．アウ　　3．アエ　　4．イウ　　5．イエ　　6．ウエ

57 企業及び企業環境の理解を通じた重要な虚偽表示リスクの識別と評価（監査基準報告書315）(2)

リスク評価手続に関する次のア〜オの記述のうち、正しいものが一つある。その記号の番号を一つ選びなさい。

ア．アサーション・レベルの重要な虚偽表示リスクの評価は、必ず、実施しなければならないが、財務諸表全体レベルの重要な虚偽表示リスクの評価は実施されないこともある。

イ．監査人は、重要な虚偽表示リスクを評価するため、企業及び企業環境を十分に理解しなければならないが、その際には、経営者と同程度の理解が求められる。

ウ．監査人は、リスク評価手続を運用評価手続や実証手続と同時に実施してはならない。

エ．監査人は、統制環境を理解する際に、財務諸表の作成に関連する内部統制において識別された不備に関して、内部監査人からの指摘や提言に対して経営者がどのように対応しているかを検討する場合がある。これには、経営者により行われた是正措置の実施状況及び内部監査人による是正措置の評価は含まれない。

オ．評価した固有リスクの程度は高いものから低いものまで様々であり、これを固有リスクの分布と呼ぶことがある。

1．ア　　2．イ　　3．ウ　　4．エ　　5．オ

58 監査の計画及び実施における重要性
（監査基準報告書320）

監査の計画及び実施における重要性に関する次のア～オの記述のうち、誤っているものが二つある。その記号の組合せの番号を一つ選びなさい。

ア．監査人は、職業的専門家としての判断により監査人としての重要性を決定する。

イ．重要性の基準値とは、監査計画の策定時に決定した、財務諸表全体において重要であると判断する虚偽表示の金額だけでなく、監査計画の策定後に改訂した金額も含まれる。

ウ．手続実施上の重要性は、未修正の虚偽表示と未発見の虚偽表示の合計が重要性の基準値を上回る可能性を適切な低い水準に抑えるために、監査人が重要性の基準値より低い金額として設定する金額をいい、特定の企業に対する特定の会計期間の監査につき一つだけ設定されるものである。

エ．監査人は、重要な虚偽表示リスクを評価し、リスク対応手続の種類、時期及び範囲を決定するために、手続実施上の重要性を決定しなければならない。

オ．監査人は、重要性の基準値（設定している場合は、特定の取引種類、勘定残高又は注記事項に対する重要性の基準値）について、当初決定した金額よりも小さくすることが適切であると決定した場合には、手続実施上の重要性を必ず改訂しなければならない。

1．アイ　　2．アウ　　3．ウオ　　4．イエ　　5．エオ

59 評価したリスクに対応する監査人の手続
(監査基準報告書330) (1)

評価したリスクに対応する監査人の手続に関する次のア〜オの記述のうち、誤っているものが一つある。その記号の番号を一つ選びなさい。

ア．監査人は、評価した財務諸表全体レベルの重要な虚偽表示リスクに応じて、全般的な対応を立案し実施する。

イ．監査人は、全ての内部統制に対して運用評価手続を実施しなければならない。

ウ．監査人は、過年度の監査で入手した内部統制の運用状況の有効性に関する監査証拠を利用する場合、過年度の監査から引き継ぐ監査証拠の適合性に影響する内部統制の変更がない場合でも、少なくとも3年に1回は内部統制の運用評価手続を実施しなければならない。

エ．監査人は、評価した重要な虚偽表示リスクの程度にかかわらず、重要な取引種類、勘定残高及び注記事項の各々に対する実証手続を立案し実施しなければならない。

オ．監査人は、特別な検討を必要とするリスクに対して実証手続のみを実施する場合には、必ず、詳細テストを含む実証手続を実施しなければならない。

1．ア　　2．イ　　3．ウ　　4．エ　　5．オ

60 評価したリスクに対応する監査人の手続
（監査基準報告書330）（2）

リスク対応手続に関する次のア～オの記述のうち、正しいものが一つある。その記号の番号を一つ選びなさい。

ア．重要な虚偽表示リスクには、財務諸表全体レベルとアサーション・レベルのリスクがあるが、リスク対応手続は、これらのうちアサーション・レベルのリスクに対応して選択される。

イ．リスク対応手続は、内部統制のデザインの評価手続と実証手続で構成される。

ウ．監査人は、関連するアサーションを識別していないが重要性のある取引種類、勘定残高又は注記事項に対して、実証手続を立案し実施する必要はない。

エ．監査人は、通常、重要な虚偽表示リスクの程度が低いほど監査手続の範囲を拡大する。

オ．同一の取引に対する運用評価手続と詳細テストが、同時に実施されることはない。

　1．ア　　2．イ　　3．ウ　　4．エ　　5．オ

61 業務を委託している企業の監査上の考慮事項
(監査基準報告書402)

委託業務に関する内部統制の理解と評価に関する次のア～オの記述のうち、誤っているものが二つある。その記号の組合せの番号を一つ選びなさい。

ア．銀行による振込処理や、証券会社による有価証券の決済など、金融機関に開設されている企業の口座において企業が個別に承認した取引処理に限定して金融機関が提供する業務にも監査基準報告書402が適用される。

イ．委託会社が受託会社の業務を利用する場合、委託会社監査人は、重要な虚偽表示リスクの識別と評価に対する適切な基礎を得るため、受託会社の提供する業務の種類と重要性、及びそれらが委託会社の内部統制システムに与える影響について理解する。

ウ．受託会社監査人とは、委託会社からの依頼に基づき、受託会社の内部統制に関して保証報告書を提供する監査人をいう。

エ．委託会社監査人がリスク評価において受託会社の内部統制が有効に運用されていることを想定している場合、委託会社監査人は、当該内部統制の運用状況の有効性について監査証拠を入手しなければならないが、その際の監査手続として、委託会社監査人のために、受託会社で運用評価手続を実施する他の監査人を利用することもできる。

オ．委託会社監査人は無限定意見を表明する場合、委託会社監査人の監査報告書において受託会社監査人の業務を利用したことを記載してはならない。

  1．アイ　　2．アウ　　3．ウオ　　4．イエ　　5．エオ

62 監査の過程で識別した虚偽表示の評価
(監査基準報告書450) (1)

監査人が、監査の過程で識別した虚偽表示の評価に関する次のア〜オの記述のうち、正しいものが二つある。その記号の組合せの番号を一つ選びなさい。

ア．財務諸表における虚偽表示とは、報告される財務諸表項目の金額と、適用される財務報告の枠組みに準拠した場合に要求される財務諸表項目の金額との間の差異をいい、財務諸表項目の分類、表示又は注記事項に関する差異は含まれない。

イ．監査人は、識別した虚偽表示の内容とその発生の状況が他の虚偽表示が存在する可能性を示唆しており、それらを合算した際に重要な虚偽表示となり得る他の虚偽表示が存在する可能性を示唆している場合には、監査の基本的な方針及び詳細な監査計画を必ず修正しなければならない。

ウ．監査人の要請により、経営者が、取引種類、勘定残高又は注記事項を調査して、発見された虚偽表示を修正した場合においても、監査人は、未発見の虚偽表示があるかどうか判断するため追加的な監査手続を実施しなければならない。

エ．監査人は、監査の過程で集計したすべての虚偽表示について経営者等に報告する必要は無く、重要な虚偽表示について適切な階層の経営者に適時に報告し、重要な虚偽表示を修正するよう経営者に求める。

オ．監査人は、経営者に対して、経営者確認書に未修正の虚偽表示の要約を記載するか、又は添付することを求めなければならない。

1．アイ　　2．アウ　　3．ウオ　　4．イエ　　5．エオ

63 監査の過程で識別した虚偽表示の評価
（監査基準報告書450）（2）

監査の過程で識別した虚偽表示の評価に関する次のア～オの記述のうち、誤っているものが二つある。その記号の組合せの番号を一つ選びなさい。

ア．監査人は、明らかに僅少な虚偽表示も含めて、監査の過程で識別した虚偽表示を集計しなければならない。

イ．過年度の重要性がない未修正の虚偽表示の累積的影響は、当年度の財務諸表に重要な影響を与えることはない。

ウ．未修正の虚偽表示とは、監査人が監査の過程で集計対象とした虚偽表示のうち、修正されなかった虚偽表示をいう。

エ．監査人は、明らかに僅少な虚偽表示と取り扱う金額、監査の実施過程で発見した全ての虚偽表示と修正の有無、未修正の虚偽表示が個別に又は集計して重要であるかどうかに関する監査人の結論及びその根拠を監査調書に記載しなければならない。

オ．未発見の虚偽表示が存在する原因には、サンプリングリスクとノンサンプリングリスクがある。

1．アイ　　2．イウ　　3．ウエ　　4．エオ　　5．アオ

第9章 監査証拠

監査証拠

64 監査証拠（監査基準報告書500）(1)

監査証拠及び監査手続に関する次のア～オの記述のうち、誤っているものが二つある。その記号の組合せの番号を一つ選びなさい。

ア．監査証拠は、アサーションを裏付ける情報と矛盾する情報の両方から構成され、情報がないことそれ自体が監査証拠となる場合もある。

イ．監査証拠の十分性と適切性は、相互に関連しているが、監査人が、数多くの監査証拠を入手したとしても、監査証拠の質の低さを補完しないことがある。

ウ．記録や文書の閲覧は、企業内に保管されている紙媒体、電子媒体又はその他の媒体による記録や文書を確かめる監査手続であり、企業外に保管されている記録や文書を確かめる監査手続ではない。

エ．監査人は、観察により、プロセス又は手続の実施に関する監査証拠を入手できるが、入手できる監査証拠は観察を行った時点に関する監査証拠に限定されることに留意する必要がある。

オ．再実施は、記録や文書の計算の正確性を監査人自らが計算し確かめる監査手続である。

1．アイ　　2．アウ　　3．ウオ　　4．イエ　　5．エオ

65 監査証拠 (監査基準報告書500) (2)

　監査証拠に関する次のア～オの記述のうち、正しいものが一つある。その記号の番号を一つ選びなさい。

ア．有形資産の実査は、監査人自らが、現物を実際に確かめる監査手続であり、現金、受取手形、売掛金に適用することができる。

イ．観察は、リスク評価手続や運用評価手続として実施されることはあるが、得られる証明力が弱いため実証手続として実施されることはない。

ウ．質問に対する回答の評価は必ず実施しなければならない。

エ．確認は、質問の一種であり、勘定残高とその明細に関連する情報又は現在の契約条件等について、監査人が企業の取引先等の第三者に対して問い合わせを行い、その回答を被監査会社から入手し評価する監査手続である。

オ．再実施とは、企業が内部統制の一環として実施している手続又は内部統制を監査人が観察することによって確かめる手続である。

　1．ア　　2．イ　　3．ウ　　4．エ　　5．オ

66 特定項目の監査証拠（監査基準報告書501）

特定項目に関する監査証拠の入手に関する次のア〜オの記述のうち、正しいものが一つある。その記号の番号を一つ選びなさい。

ア．監査人は、予期し得ない事態により実地棚卸の立会を実施することができない場合には、監査範囲の制約に関する限定意見を表明するか又は意見を表明してはならない。

イ．訴訟事件等について、①監査人が企業の顧問弁護士とコミュニケーションをすることを経営者が許諾しない場合、又は企業の顧問弁護士が質問書への適切な回答を拒否している場合若しくは禁止されている場合、又は、②代替的な監査手続から十分かつ適切な監査証拠を入手できない場合のいずれかに該当する場合には、監査人は、監査範囲の制約に関する限定意見を表明するか又は意見を表明してはならない。

ウ．実地棚卸の立会時に棚卸資産を実査することにより、監査人は棚卸資産の実在性を確かめることができ、また、棚卸資産の所有権についても常に確かめることができる。

エ．実地棚卸が期末日以外の日に実施されるのは、経営者が年次の実地棚卸によって棚卸数量を決定する場合であり、継続記録を実施している場合には行われることはない。

オ．立会が実務的に不可能な場合、監査人は代替手続の実施を検討しなければならない。代替手続としては、例えば、実地棚卸日以前に取得又は購入した特定の棚卸資産品目について、実地棚卸日後に販売されたことを示す記録や文書を閲覧するなどの手続が考えられる。

　1．ア　　2．イ　　3．ウ　　4．エ　　5．オ

67 確 認 （監査基準報告書505）（1）

確認に関する次のア～オの記述のうち、正しいものが二つある。その記号の組合せの番号を一つ選びなさい。

ア．確認により入手した監査証拠は、常に企業が内部的に作成した証拠よりも証明力が強い。

イ．確認とは、紙媒体、電子媒体又はその他の媒体により、監査人が確認の相手先である第三者から文書による回答を直接入手する監査手続をいう。

ウ．積極的確認と消極的確認は、手続の内容やプロセスに相違はあるが、両者から得られる監査証拠の証明力に相違は生じない。

エ．確認手続は、企業と第三者との間の合意の有無を確認するために実施されることはない。

オ．確認状が適切な宛先に送付されることを確かめるため、監査人は、確認状の送付前に、宛先の一部又は全部の妥当性をテストすることがある。

1．アイ   2．アウ   3．イオ   4．ウエ   5．エオ

68 確 認（監査基準報告書505）（2）

確認に関する次のア～オの記述のうち、正しいものが二つある。その記号の組合せの番号を一つ選びなさい。

ア．確認項目に関する金額を記入しないブランク確認状は、回答率は低下する場合が多いが、網羅性の監査に関しては有効である。

イ．積極的確認は、確認状に記載した金額や他の情報について確認先が同意する場合のみ、監査人に回答することを求めるものである。積極的確認により、通常、証明力の高い監査証拠の入手が可能となる。

ウ．消極的確認を実施した結果、回答がない場合には、確認先が確認状に記載した情報に同意したということを明白に示している。

エ．経営者が監査人の確認依頼の送付に同意しない場合、監査人は経営者が同意しない理由について質問し、その正当性と合理性に関する監査証拠を求めなければならない。

オ．確認の回答により生じた確認差異は、必ず財務諸表における虚偽表示を意味する。

1．アイ　　2．アエ　　3．イウ　　4．ウオ　　5．エオ

69 初年度監査の期首残高 （監査基準報告書510）

初年度監査の期首残高に関する次のア～オの記述のうち、誤っているものが二つある。その記号の組合せの番号を一つ選びなさい。

ア．監査人は、注記事項を含む期首残高に関連する情報を入手するために、直近の財務諸表及び前任監査人の監査報告書が存在する場合はそれを通読しなければならない。

イ．監査人は、期首残高に関する十分かつ適切な監査証拠が入手できなかった場合においては、その影響が重要でないと判断した場合でも、監査範囲の制約に関する限定付適正意見を表明するか意見を表明してはならない。

ウ．監査人は、期首残高に当年度の財務諸表に重要な影響を及ぼす可能性のある虚偽表示が含まれているという監査証拠を入手した場合には、当年度の財務諸表に対する影響を判断するために、個々の状況に応じた適切な追加的監査手続を実施しなければならない。

エ．前年度の財務諸表が前任監査人によって監査されている場合に、前任監査人の監査調書を閲覧することにより、期首残高に関する十分かつ適切な監査証拠を入手できるかどうかは、前任監査人の専門的能力と独立性に影響を受ける。

オ．監査人は、過年度の財務諸表が前任監査人によって監査されている場合には、当該前任監査人が監査を行った期間にわたって、会計方針が継続的に適用されていたか検討しなければならない。

　1．アイ　　2．アウ　　3．イオ　　4．ウエ　　5．エオ

70 分析的手続 (監査基準報告書520)(1)

　分析的手続に関する次のア〜オの記述のうち、正しいものが二つある。その記号の組合せの番号を一つ選びなさい。

ア．分析的手続には、他の関連情報と矛盾する、又は監査人の推定値と大きく乖離する変動や関係の必要な調査は含まれない。

イ．監査人は、必ず、監査の最終段階において、企業に関する監査人の理解と財務諸表が整合していることについて、全般的な結論を形成するために実施する分析的手続を立案し、実施しなければならない。

ウ．分析的手続には、例えば、給与と従業員数の間にある、財務情報と関連する非財務情報との間の関係についての検討は含まれない。

エ．分析的実証手続は、その性質上、一般的に、取引量が多く予測可能な取引に対しては適合しない。

オ．分析的手続により、部屋当たりの平均賃料、部屋数及び空室率等の要素を考慮し、それらを適切に検討する場合には、建物に関する賃貸収入を見積もることによって、心証を形成するに足る証拠を入手することができ、詳細テストによる追加的な検討の必要性がなくなることがある。

　1．アウ　　2．アエ　　3．ウオ　　4．イオ　　5．エオ

71 分析的手続 （監査基準報告書520）（2）

　分析的手続に関する次のア～オの記述のうち、正しいものが二つある。その記号の組合せの番号を一つ選びなさい。

ア．分析的手続とは、財務諸表作成の基礎となる財務データの間に存在する関係のみを利用して推定値を算出し、推定値と財務情報を比較することによって財務情報を検討する監査手続である。

イ．計画した分析的手続は、反証がない限り、データ間の関係が存在し継続するという推定に基づいて実施される。

ウ．事業内容の変化など異常な状況があると、分析的手続実施の目的が果たせないことになる。

エ．監査人は、実証手続として分析的手続を適用する場合、分析的手続以外の実証手続を必ず組み合わせて実施しなければならない。

オ．監査人は、分析的実証手続における推定値と実際に計上された金額との差異について、追加的な調査をせずに許容可能とするかどうかを判断しなければならない。

　　1．アウ　　　2．アオ　　　3．イエ　　　4．ウエ　　　5．イオ

72 試査 （監査基準報告書530）

　試査に関する次の記述のうち、正しいものの組合せとして最も適切な番号を一つ選びなさい。

ア．統計的サンプリング又は非統計的サンプリングのいずれの手法を用いるかは、監査人の判断により決定されるが、抽出されるサンプル数自体は、統計的サンプリング又は非統計的サンプリングの選択を決定付ける判断基準とはならない。

イ．監査人の判断による特定項目の抽出は、ノンサンプリングリスクを伴う。

ウ．監査人の重要な虚偽表示リスクの評価が高くなるほど、必要なサンプル数は減少する。

エ．監査人は、詳細テストにおいて、抽出したサンプルに関する証拠書類が紛失しているため、立案した監査手続を実施できず、又適切な代替手続も実施できない場合、代わりのサンプルを抽出して手続を実施しなければならない。

　1．アイ　　2．アウ　　3．アエ　　4．イウ　　5．イエ　　6．ウエ

会計上の見積りの監査に関する次のア～オの記述のうち、誤っているものが二つある。その記号の組合せの番号を一つ選びなさい。

ア．監査人の固有リスク要因の検討結果が、会計上の見積りに関する職業的懐疑心の発揮に影響することはない。

イ．監査人は、当年度の監査のために、過年度の財務諸表に計上されている会計上の見積りの確定額について検討することはない。

ウ．会計上の見積りに関する特別な検討を必要とするリスクについて、監査人は、関連する内部統制に依拠しようとする場合には、当年度の監査におけるリスク対応手続に内部統制の運用評価手続を含めなければならない。

エ．会計上の見積り及び関連する注記事項について、監査人はアサーション・レベルの重要な虚偽表示リスクを識別し評価する際に、会計上の見積りを行う際に使用する見積手法が複雑性、主観性又はその他の固有リスク要因の影響を受ける程度を考慮しなければならない。

オ．監査人は、経営者に対し、会計上の見積りを行う際に使用された見積手法、重要な仮定及びデータ並びに関連する注記事項が、適用される財務報告の枠組みに準拠した認識、測定及び注記を達成する上で適切であるかどうかについて、経営者確認書に記載することを要請しなければならない。

　1．アイ　　2．アウ　　3．ウオ　　4．イエ　　5．エオ

74 会計上の見積りの監査
（監査基準報告書540）(2)

　会計上の見積りの監査に関する次のア～オの記述のうち、誤っているものが一つある。その記号の番号を一つ選びなさい。

ア．見積りの不確実性とは、正確に測定することができないという性質に影響される程度をいう。

イ．会計上の見積りの確定額とは、会計上の見積りに係る取引、事象又は状況が最終的に確定することによって生ずる実績金額をいう。

ウ．経営者の偏向とは、情報の作成における経営者の中立性の欠如をいう。

エ．監査人は、経営者の偏向が存在する兆候がある場合には、その内容を監査調書に記載しなければならない。

オ．監査人は、監査人の許容範囲を設定する場合、見込まれるすべての結果が含まれるように許容範囲を決定しなければならない。

　1．ア　　2．イ　　3．ウ　　4．エ　　5．オ

75 関連当事者 （監査基準報告書550）

関連当事者との関係及び関連当事者との取引に伴う重要な虚偽表示リスクに関する次の記述うち、正しいものが二つある。その記号の組合せの番号を一つ選びなさい。

ア．関連当事者との取引は、通常の取引過程において行われることが多い。

イ．監査人は、関連当事者との関係及び関連当事者との取引については、特別な検討を必要とするリスクがあると判断しなければならない。

ウ．監査人には、識別した関連当事者の名称と関連当事者との関係の内容を監査調書に記載することまでは求められていない。

エ．関連当事者は、支配力又は重要な影響力を行使することによって、企業又はその経営者に対して絶大な影響力を行使できる立場にあることがある。

　　1．アイ　　　2．アウ　　　3．アエ　　　4．イエ　　　5．イエ　　　6．ウエ

76 後発事象、事後判明事実（監査基準報告書560）(1)

　後発事象及び事後判明事実に関する次のア～エの記述のうち、誤っているものが二つある。その記号の組合せの番号を一つ選びなさい。

ア．後発事象とは、監査手続終了日の翌日から監査報告書日までの間に発生した事象をいう。

イ．監査人は、監査報告書日の翌日から財務諸表の発行日までの間に、もし監査報告書日現在に気付いていたとしたら、監査報告書を修正する原因となった可能性のある事実を知るところとなった場合には、手続を実施しなければならない。

ウ．監査した財務諸表は、監査報告書が添付されていないと発行できないため、監査した財務諸表の発行日は、監査報告書日以降で、かつ企業に監査報告書が提出される日以降の日付でなければならない。

エ．監査人は、財務諸表に影響を及ぼす可能性のある後発事象が発生したかどうかについて経営者に質問することがある。その際には、暫定的なデータではなく、確定的なデータを基に会計処理された項目の現在の状況や特定の事項について質問しなければならない。

　1．アイ　　2．アウ　　3．アエ　　4．イウ　　5．イエ　　6．ウエ

後発事象及び事後判明事実に関する次のア～オの記述のうち、誤っているものが二つある。その記号の組合せの番号を一つ選びなさい。

ア．事後判明事実とは、監査報告書日後に監査人が知るところとなったすべての事実をいう。

イ．財務諸表の承認日とは、通常、経営者確認書の日付となる。

ウ．監査報告書日は、財務諸表の承認日より前の日付とすることはできない。

エ．監査人は、財務諸表発行後に事後判明事実を知ることとなった場合であってもいかなる手続を実施する必要もない。

オ．開示後発事象とは、期末日後において発生した状況に関する証拠を提供する事象のことである。

　1．アイ　　2．イウ　　3．ウオ　　4．アエ　　5．エオ

78 後発事象、事後判明事実（監査基準報告書560）（3）

後発事象及び事後判明事実に関する次のア～エまでの記述のうち、正しいものの組合せはどれか、一つ選びなさい。

ア．経営者は、監査報告書日の翌日から財務諸表の発行日までの間に自らが知るところとなった、財務諸表に影響を及ぼす可能性のある事実については、監査人に通知しなければならない。

イ．重要な開示後発事象が発生し、当該重要な開示後発事象に関する注記が財務諸表に適切になされている場合には、監査人は、当該事項に関する強調事項を監査報告書に追記する。

ウ．監査人は、財務諸表の修正又は開示が求められるすべての後発事象を識別したことについて、十分かつ適切な監査証拠を入手するために監査手続を実施しなければならないが、既に実施した他の監査手続によって一定の結論が得られた事項について、追加的な監査手続の実施が求められているのではない。

エ．監査報告書日の翌日から財務諸表発行日までの間に事後判明事実が存在することを監査人が認識したが、未だ監査報告書を被監査会社の経営者に提出していない状況において、経営者が必要な財務諸表の修正又は開示を行わない場合には、監査人は、当該事項を監査範囲の制約に係る除外事項として意見表明を行う。

1．アイ　　2．アウ　　3．アエ　　4．イウ　　5．イエ　　6．ウエ

79 継続企業 (監査基準報告書570) (1)

継続企業の前提に関する次のア～オの記述のうち、正しいものが二つある。その記号の組合せの番号を一つ選びなさい。

ア．監査人には、経営者が継続企業を前提として財務諸表を作成することの適切性について十分かつ適切な監査証拠を入手し、継続企業の前提に関する重要な不確実性が認められるか否かを結論付ける責任はない。

イ．経営者による継続企業の前提に関する評価期間が期末日の翌日から12ヶ月に満たない場合には、監査人は、経営者に対して、評価期間を少なくとも期末日の翌日から12ヶ月間に延長するよう求めなければならない。

ウ．監査人は、入手した監査証拠に基づき、単独で又は複合して継続企業の前提に重要な疑義を生じさせるような事象又は状況に関する重要な不確実性が認められるか否かについて形式的に判断し、結論付けなければならない。

エ．継続企業を前提として財務諸表を作成することが適切であるが重要な不確実性が認められる場合において、財務諸表における注記が適切な場合、監査人は、無限定意見を表明し、監査報告書に「継続企業の前提に関する重要な不確実性」という見出しを付した区分を設けなければならない。

オ．監査人は、継続企業を前提として財務諸表が作成されている場合に、継続企業を前提として経営者が財務諸表を作成することが適切でないと判断したときには、意見を表明してはならない。

1．アイ　　2．アウ　　3．ウオ　　4．イエ　　5．エオ

80 継続企業 （監査基準報告書570）（2）

継続企業の前提に関する次の記述のうち、正しいものの組合せとして最も適切な番号を一つ選びなさい。

ア．継続企業の前提に関する監査人の責任は、経営者の作成した財務諸表における継続企業の前提に関する重要な不確実性について適切な開示が行われているか否かの判断を行い、企業の事業継続能力そのものを認定し、企業の存続を保証することである。

イ．重要な不確実性について財務諸表に適切な注記がなされている場合に設ける「継続企業の前提に関する重要な不確実性」という見出しを付した区分には、継続企業の前提に関する重要な不確実性が認められる旨及び当該事項は監査人の意見に影響を及ぼすものではない旨を記載しなければならない。

ウ．経営者は、継続企業の前提に重要な疑義を生じさせるような事象又は状況を識別したが、継続企業の前提に関する重要な不確実性は認められないと判断した場合には、有価証券報告書において、継続企業の前提に関する開示を行うことはない。

エ．監査人は、継続企業の前提に重要な疑義を生じさせるような事象又は状況に関して経営者が評価及び対応策を示さないときには、継続企業の前提に関する重要な不確実性が認められるか否かを確かめる十分かつ適切な監査証拠を入手できないことがあるため、重要な監査手続を実施できなかった場合に準じて意見の表明の適否を判断しなければならない。

1．アイ　　2．アウ　　3．アエ　　4．イウ　　5．イエ　　6．ウエ

81 経営者確認書（監査基準報告書580）

　経営者確認書に関する次のア〜オの記述のうち、正しいものが二つある。その記号の組合せの番号を一つ選びなさい。

ア．経営者確認書自体が、経営者確認書に記載されている事項に関する十分かつ適切な監査証拠となる。

イ．経営者確認書には、財務諸表、財務諸表におけるアサーション又はこれらの基礎となる帳簿及び記録が含まれる。

ウ．監査人は、経営者に、全ての取引が記録され、財務諸表に反映されている旨について記載した経営者確認書を提出するように要請しなければならない。

エ．経営者確認書の日付は、財務諸表に対する監査報告書日より後でなければならない。

オ．経営者確認書の宛先は、監査人でなければならない。

　1．アイ　　2．アウ　　3．ウオ　　4．イエ　　5．エオ

第 10 章
他者の作業の利用

82 グループ監査 （監査基準報告書600）

　グループ監査に関する次のア～オの記述のうち、誤っているものが二つある。
その記号の組合せの番号を一つ選びなさい。

ア．重要な構成単位とは、財務的重要性がある構成単位又はグループ財務諸表に係
　　る特別な検討を必要とするリスクが含まれる可能性がある構成単位のことをさす。

イ．グループ監査チームは、構成単位の財務諸表の意見表明の基礎となる十分か
　　つ適切な監査証拠を入手することを合理的に見込めるかどうかを判断しなけれ
　　ばならない。

ウ．グループ監査チームは、構成単位の財務情報に関する作業の実施を構成単位
　　の監査人に依頼しないのであれば、構成単位の監査人について理解する必要は
　　ない。

エ．グループ監査チームは、監査契約の新規の締結において、グループ全体、構
　　成単位及びこれらの環境を理解しなければならないが、その理解は、重要な構
　　成単位となる構成単位の識別が出来るように行う必要がある。

オ．構成単位の監査人が職業的専門家としての能力を有しているかについて懸念
　　を抱いている場合には、構成単位の監査人に作業の実施を依頼することはでき
　　ない。

　1．アイ　　2．アウ　　3．イオ　　4．ウエ　　5．エオ

83 内部監査人の作業の利用 （監査基準報告書610）

　内部監査人の作業の利用に関する次のア～オの記述のうち、正しいものが二つある。その記号の組合せの番号を一つ選びなさい。

ア．内部監査機能の目的と財務諸表監査の監査人の目的は、どちらも財務諸表の適正性の保証と共通しており、内部監査人は、監査人が財務諸表監査において実施する監査手続と同様の手続を実施していることがある。

イ．内部監査機能においても、監査である以上、財務諸表監査の監査人が財務諸表に関して意見を表明するときに求められるような独立性が要求される。

ウ．監査人が内部監査人の作業を利用した場合には、内部監査人の作業を利用した範囲において監査人の責任が軽減されることになる。

エ．監査人は、内部監査人の作業を利用する場合、内部監査人の作業の適切性の評価に関して実施した監査手続を監査調書に記載しなければならない。

オ．監査人が、内部監査人の客観性が、内部監査機能の組織上の位置付け並びに関連する方針及び手続により十分に確保されていない、と判断した場合には、監査人は内部監査人の作業を利用してはならない。

1．アイ　　2．アウ　　3．ウオ　　4．イエ　　5．エオ

84 専門家の業務の利用（監査基準報告書620）

監査人の利用する専門家に関する次のア～オの記述のうち、正しいものが二つある。その記号の組合せの番号を一つ選びなさい。

ア．「監査人の利用する専門家」とは、監査人が業務を依頼する外部の専門家のことを指し、監査事務所の専門職員等の内部の専門家は補助者として扱われるため、含まれない。

イ．監査人は、監査人が雇用する内部の専門家を利用する場合には、業務の内容、範囲及び目的等の事項について、当該専門家との間で合意しておく必要はない。

ウ．監査人は、専門家の業務を利用する場合、当該専門家の適性、能力及び客観性等について検討するだけでなく、当該専門家の専門分野も十分に理解する必要がある。

エ．監査人が、専門家の業務が監査人の目的に照らして適切ではないと判断した場合には、監査人自身が追加の監査手続を実施することもある。

オ．監査報告書において監査人の専門家の業務を利用したことに言及するときは、当該事項が監査意見に影響を及ぼさないことを記載しなければならない。

1．アイ　　2．アウ　　3．イウ　　4．ウエ　　5．エオ

第11章

監査の結論及び報告

85 財務諸表に対する意見の形成と監査報告
（監査基準報告書700）（1）

　財務諸表に対する意見の形成と監査報告に関する次のア〜オの記述のうち、誤っているものが一つある。その記号の番号を一つ選びなさい。

ア．監査人は、監査意見の形成に当たり、不正か誤謬かを問わず、財務諸表に全体として重要な虚偽表示がないということについての合理的な保証を得たかどうかを判断しなければならない。

イ．準拠性の枠組みでは監査人は、財務諸表が、全ての重要な点において、適用される財務報告の枠組みに準拠して作成されていると認める場合、無限定意見を表明しなければならない。

ウ．監査報告は、必ず、紙媒体による文書でなければならない。

エ．監査人は、監査報告書に意見表明の基礎となる十分かつ適切な監査証拠を入手したと判断したかどうかを記載しなければならない。

オ．監査報告書には、監査事務所の所在地を記載しなければならない。

　1．ア　　2．イ　　3．ウ　　4．エ　　5．オ

監査意見に関する次のア～オの記述のうち、誤っているものが一つある。その記号の番号を一つ選びなさい。

ア．監査人は、財務諸表が適用される財務報告の枠組みに準拠して作成されているかどうかの評価にあたっては、企業の会計実務の質的側面について勘案する必要はない。

イ．監査人は、財務諸表監査に当たって、財務諸表で使用されている用語の適切性について評価することが求められる。

ウ．適正表示の枠組みでは、適用される財務報告の枠組みにおいて要求される事項に準拠して財務諸表を作成したとしても、作成された財務諸表が適正に表示されているとは認められない場合がある。

エ．財務諸表が準拠性の枠組みに準拠して作成されている場合、監査人は、財務諸表が適正に表示されているかどうか評価することを求められない。

オ．適用される財務報告の枠組みが国際会計基準審議会が公表する国際会計基準ではない場合には、監査意見において、財務報告の枠組みを設定している国を特定しなければならない。

1．ア　　2．イ　　3．ウ　　4．エ　　5．オ

除外事項付意見に関する次のア～オの記述のうち、正しいものが二つある。その記号の組合せの番号を一つ選びなさい。

ア．除外事項付意見とは、財務諸表に対する限定意見、否定的意見又は意見不表明をいい、適正表示の枠組みの場合は、限定意見は限定付適正意見、否定的意見は不適正意見という。

イ．監査人が、財務諸表全体に対する結論として、意見不表明とすることが必要であると判断する場合であっても、例えば、貸借対照表単独で捉えると無限定意見の表明ができる場合には、当該単独の財務諸表（例えば貸借対照表）に限定して、無限定意見を表明することができる。

ウ．財務諸表に、定性的な注記事項に関連する重要な虚偽表示が存在する場合、当該虚偽表示の金額的影響を算定することはできないため、監査人は、当該虚偽表示の内容について監査報告書に記載することは求められていない。

エ．監査人は、意見を表明しない場合には、「意見不表明」という見出しを監査報告書の意見区分に付して適切に記載しなければならない。

オ．監査人が、意見を表明しない場合には、財務諸表の適正性の保証に関する監査人の責任を果たしていないため、監査報告書における「監査人の責任」の区分の記載はなされない。

1．アイ　　2．アエ　　3．イウ　　4．イエ　　5．ウオ

　除外事項付意見に関する次のア～オの記述のうち、正しいものが二つある。その記号の組合せの番号を一つ選びなさい。

ア．監査人は、十分かつ適切な監査証拠を入手した結果、虚偽表示が財務諸表に及ぼす影響が、個別に又は集計した場合に、重要かつ広範であると判断する場合には、限定意見又は否定的意見を表明しなければならない。

イ．監査報告書には、意見の種類を問わず、「監査意見」区分に続けて、「監査意見の根拠」を記載する区分を設けなければならない。

ウ．監査人は、不適正意見を表明する場合に、不適正意見の原因となる事項以外に除外事項付意見の原因となる事項を識別した場合には、監査意見の根拠の区分に、全ての当該事項の内容及びそれによる影響を記載しなければならない。

エ．監査人が意見を表明しない場合には、監査報告書に「監査人の責任は、監査人が、一般に公正妥当と認められる監査の基準に準拠して実施した監査に基づいて、独立の立場から財務諸表に対する意見を表明することにある。」旨の記載はなされない。

オ．監査人は、監査報告書において除外事項付意見の表明が見込まれる場合、除外事項付意見の文言の草案について、監査役等に報告することは求められないが、その原因となる状況については監査役等に報告しなければならない。

　1．アイ　　2．イウ　　3．イオ　　4．ウエ　　5．エオ

89 独立監査人の監査報告書における強調事項区分と その他の事項区分（監査基準報告書706）（1）

追記情報に関する次のア〜オの記述のうち、誤っているものが二つある。その記号の組合せの番号を一つ選びなさい。

ア．追記情報を記載する場合に監査報告書に設けられるその他の事項区分とは、財務諸表に表示又は開示されていない事項について、監査、監査人の責任又は監査報告書についての利用者の理解に関連すると監査人が判断し、当該事項を説明するため監査報告書に設ける区分をいう。

イ．監査人は、財務諸表に表示又は開示されている事項について、利用者が財務諸表を理解する基礎として重要であるため、当該事項を強調して利用者の注意を喚起する必要があると判断している場合に、強調事項に関連して除外事項付意見を表明する必要がない、又は「強調事項」区分への記載を検討する事項が、監査上の主要な検討事項に該当しないといういずれかの判断をした場合、監査報告書に「強調事項」区分を設けなければならない。

ウ．監査報告書における「強調事項」区分又は「その他の事項」区分の記載箇所は、当該事項の内容、及び想定利用者にとっての相対的重要性に関する監査人の判断によって決まる。

エ．監査人は、監査報告書に強調事項区分を設けることが見込まれる場合、その旨と当該区分の文言の草案について、監査役若しくは監査役会、監査等委員会又は監査委員会にコミュニケーションを行わなければならない。

オ．強調事項区分の記載は、財務諸表利用者への注意喚起を目的としているため、監査人は、強調事項の記載の有効性を高める観点から、些細な事項であっても強調事項の記載を行う必要がある。

1．アイ　　2．アウ　　3．ウオ　　4．イオ　　5．エオ

90 独立監査人の監査報告書における強調事項区分とその他の事項区分 （監査基準報告書706）(2)

　追記情報に関する次のア～エの記述のうち、正しいものが二つある。その記号の組合せの番号を一つ選びなさい。

ア．監査人は、監査報告書に強調事項区分を設ける場合、必ず、「強調事項」という見出しを付さなければならない。

イ．監査人は、法令等によって監査報告書に記載することが禁止されている事項であっても、財務諸表に表示又は開示されていない事項について、監査、監査人の責任又は監査報告書についての利用者の理解に関連するため監査報告書において説明する必要があると判断した場合には、その他の事項区分を設けて、当該事項を監査報告書に記載することができる。

ウ．公認会計士法の規定により監査報告書への記載が求められる監査人と会社との利害関係の記載は、追記情報の記載の一つである。

エ．強調事項は、監査意見に影響を及ぼすものではない。

　1．アイ　　2．アウ　　3．アエ　　4．イウ　　5．イエ　　6．ウエ

91 過年度の比較情報—対応数値と比較財務諸表
（監査基準報告書710）(1)

比較情報に関する次のア～オの記述のうち、誤っているものが二つある。その記号の組合せの番号を一つ選びなさい。

ア．比較情報における対応数値とは、比較情報が、当年度の財務諸表に不可分の一部として含まれ、当年度に関する金額及び注記事項（当年度の数値）と関連付けて読まれることのみを意図しており、対応する金額と注記事項をどの程度詳細に表示するかは、主に、当年度の数値との関連性において決定されるものとして監査意見を表明する場合の当該比較情報をいう。

イ．監査人は、当年度の監査の実施の過程において比較情報に重要な虚偽表示が存在する可能性があることに気付いた場合、十分かつ適切な監査証拠を入手するため、必要と認められる監査手続を追加して実施しなければならない。

ウ．対応数値方式の場合、前年度の監査報告書において除外事項付意見が表明されており、当該除外事項付意見の原因となった事項が未解消の場合であっても、監査人が、当年度の財務諸表に対して無限定意見を表明する場合がある。

エ．比較情報が比較財務諸表として表示される場合、監査人は、当年度の財務諸表のみについて、経営者確認書に記載することを要請する。他方、対応数値の場合、監査人は、監査意見を表明するすべての対象年度について、経営者確認書に記載することを要請することになる。

オ．比較情報が対応数値として表示される場合、監査意見は、対応数値を含む当年度の財務諸表全体に対して表明されるため、監査人は、対応数値については意見を表明しない。

1．アイ　　2．アオ　　3．ウエ　　4．イエ　　5．エオ

92 過年度の比較情報—対応数値と比較財務諸表
(監査基準報告書710)（2）

比較情報に関する次の記述のうち、正しいものの組合せとして最も適切な番号を一つ選びなさい。

ア．比較情報が対応数値として表示される場合、前年度の財務諸表が監査されていなければ、監査人は、監査報告書のその他の事項区分に、対応数値が監査されていない旨を記載しなければならない。しかし、当該記載により、当年度の財務諸表に重要な影響を及ぼす虚偽表示が期首残高に含まれていないという十分かつ適切な監査証拠の入手に関する要求事項は免除される。

イ．比較情報が比較財務諸表として表示される場合、監査人は、前任監査人が以前に無限定意見を表明した前年度の財務諸表に影響を及ぼす重要な虚偽表示が存在すると判断する場合、当該虚偽表示について適切な階層の経営者及び監査役若しくは監査役会、監査等委員会又は監査委員会に報告するとともに、前任監査人を含め三者間で協議するよう求めなければならない。

ウ．比較情報が対応数値として表示される場合、監査人は、比較情報に影響を及ぼす前年度の財務諸表の重要な虚偽表示を訂正するために行われた全ての修正再表示に関する確認事項を含めて、経営者確認書に記載することを要請する必要はない。

エ．監査意見の表明方式が、対応数値方式、比較財務諸表方式いずれであっても、監査人は、比較情報が、前年度に表示された金額及び注記事項（訂正報告書が提出されている場合には、訂正後の金額及び注記事項）と一致しているかどうか、又は、修正再表示された場合、修正再表示された金額及び注記事項が妥当かどうかを検討しなければならない。

1．アイ　　2．アウ　　3．アエ　　4．イウ　　5．イエ　　6．ウエ

93 監査した財務諸表が含まれる開示書類におけるその他の記載内容に関連する監査人の責任 （監査基準報告書720）

監査した財務諸表が含まれる開示書類におけるその他の記載内容に関する次のア～オの記述のうち、誤っているものが二つある。その記号の組合せの番号を一つ選びなさい。

ア．その他の記載内容とは、監査した財務諸表を含む開示書類のうち当該財務諸表と監査報告書とを除いた部分の記載内容をいう。その他の記載内容は、通常、財務諸表及びその監査報告書を除く、企業の年次報告書に含まれる財務情報及び非財務情報である。

イ．監査人は、その他の記載内容を通読しなければならない。

ウ．その他の記載内容は、有価証券報告書等において開示されている情報であるため、監査人は、その他の記載内容を入手する時期について経営者と適切に調整し、監査報告書日後できるだけ早い時期に入手しなければならない。

エ．監査人は、その他の記載内容を通読することにより重要な相違を識別した場合であっても、監査した財務諸表又はその他の記載内容を修正する必要があると判断することはない。

オ．監査報告書日以前に入手したその他の記載内容に重要な誤りがあると判断し、また監査役等への報告後もその他の記載内容が修正されていない場合、監査人は適切な措置を講じなければならない。

1．アイ　　2．アオ　　3．ウエ　　4．イエ　　5．エオ

第12章
その他の考慮事項

94 監査人の交代 （監査基準報告書900）

　監査人の交代に関する次のア〜オの記述のうち、正しいものが二つある。その記号の組合せの番号を一つ選びなさい。

ア．前任監査人には、当年度の財務諸表の監査に着手したものの監査報告書を提出していない別の監査事務所に属する監査人は含まれない。

イ．監査業務の引継は、主に、前任監査人から監査人予定者及び監査人に対する質問及び監査調書の閲覧によって実施される。

ウ．期中に交代した前任監査人は、監査意見に影響を及ぼす可能性があると判断した当期の財務諸表における重要な虚偽表示に関わる情報又は状況を把握していた場合には、監査人予定者及び監査人に、それらを伝達しなければならない。

エ．前任監査人は、監査人予定者及び監査人に対して監査業務の十分な引継を実施することができない場合には、監査業務の引継を行ってはならない。

オ．守秘義務が解除される正当な理由に、監査業務の引継を行う場合が含まれているため、予め監査契約書又は監査約款にその旨を明記しなければならない。

　1．アイ　　2．アウ　　3．ウオ　　4．イエ　　5．エオ

95 中間監査（監査基準報告書910）

中間監査に関する次のア～オの記述のうち、誤っているものが二つある。その記号の組合せの番号を一つ選びなさい。

ア．中間監査意見の基礎となる合理的保証は、監査人が、中間監査リスクを許容可能な低い水準に抑える十分かつ適切な監査証拠を入手した場合に得られる。

イ．監査人は、年度監査に係る重要性の基準値を下限として、中間監査に係る重要性の基準値を設定しなければならない。

ウ．監査人は、中間監査に係る重要な虚偽表示リスクが特別な検討を必要とするリスクであると判断した場合、当該リスクに関連する統制活動を含む内部統制を理解しなければならない。

エ．監査人は、中間監査においては、分析的手続及び質問を中心とする監査手続を必ず実施しなければならない。

オ．監査人は、中間監査においては、経営者確認書の入手が求められていない。

　1．アイ　　2．アウ　　3．イオ　　4．ウエ　　5．エオ

第13章 品質管理基準報告書

96 監査事務所における品質管理
(品質管理基準報告書第1号・第2号)(1)

品質管理に関する次の記述のうち、正しいものの組合せとして最も適切な番号を一つ選びなさい。

ア．審査担当者は、監査チームのメンバーであることが認められる。

イ．監査事務所が、他の監査事務所と共同で監査を実施する場合においても、監査業務の質は合理的に保たれる必要があるのは当然のことである。しかし、共同監査を担当する複数の監査事務所の品質管理のシステムを同一なものとすることまでは求められない。

ウ．監査事務所は、不正リスクに関する品質管理の責任者を明確にしなければならない。

エ．監査業務の定期的な検証とは、監査事務所が定めた品質管理の方針及び手続に準拠して監査チームが監査業務を実施したことを確かめるために、意見を表明する前に実施される。

　1．アイ　　2．アウ　　3．アエ　　4．イウ　　5．イエ　　6．ウエ

　監査事務所における品質管理に関する次のア〜エまでの記述のうち、正しいものの組合せはどれか、一つ選びなさい。

ア．公認会計士・監査審査会による検査等の監査事務所の外部の検証は、監査事務所のモニタリング活動を代替するものとして扱うことが認められている。

イ．最高経営責任者等により任命された品質管理のシステムの整備及び運用に責任を有する者が、不正リスクに関する品質管理の責任者を兼ねるように方針及び手続を定めなければならない。

ウ．審査を実施しない監査業務に関して、監査意見が適切に形成されていることを確認できる方法には、監査責任者が意見表明前に実施し、文書化した自己点検が含まれる。

エ．品質管理システムに関する最高責任者は、品質管理システムを評価しなければならない。当該評価は、特定の基準日において、少なくとも年に一度実施しなければならない。

　　1．アイ　　2．アウ　　3．アエ　　4．イウ　　5．イエ　　6．ウエ

98 監査事務所における品質管理
（品質管理基準報告書第1号・第2号）(3)

　品質管理に関する次の記述のうち、正しいものの組合せとして最も適切な番号を一つ選びなさい。

ア．特定の監査業務に関して審査担当者を選任しないことは認められず、必ず、審査担当者を選任しなければならない。

イ．監査事務所の方針又は手続には、監査責任者が審査担当者に就任することが可能となるまでの、クーリングオフ期間の2年間又は職業倫理に関する規定により要求される場合は、それより長い期間を明記しなければならない。

ウ．監査事務所は、職業的専門家としての基準及び適用される法令等に従って監査業務が実施されなかったこと、又は監査事務所の方針若しくは手続が遵守されなかったことに関する、不服と疑義の申立てを受領し、調査し、また解決するための方針又は手続を定めることは義務付けられておらず、各監査事務所の判断に委ねられている。

エ．監査業務又は審査を実施する者は当該監査業務の定期的な検証に関与してはならない。

　1．アイ　　2．アウ　　3．アエ　　4．イウ　　5．イエ　　6．ウエ

第**3**部

監査基準の改訂
（令和2年）等

99 監査における不正リスク対応基準(1)

　監査における不正リスク対応基準（以下、不正リスク対応基準とする。）に関する次のア～エまでの記述のうち、明らかに誤っているものの組合せはどれか、一つ選びなさい。

ア．不正リスク対応基準は、すべての監査において適用されるのではなく、主として、財務諸表及び監査報告について広範囲な利用者が存在する金融商品取引法に基づいて開示を行っている企業に対する監査において適用することを念頭に作成されている。

イ．不正リスク対応基準は、現行の監査基準、監査に関する品質管理基準からは独立した基準とされているため、一般に公正妥当と認められる監査の基準を構成するものではない。

ウ．不正による重要な虚偽の表示の疑義があると判断された場合には、通常の審査担当者による審査に比べて、監査事務所としてより慎重な審査が行われる必要がある。

エ．監査人は、不正リスクに対応する手続として積極的確認を実施する場合において、回答がない又は回答が不十分なときには、ただちに代替的な手続に移行することが求められる。

　1．アイ　　2．アウ　　3．アエ　　4．イウ　　5．イエ　　6．ウエ

100 監査における不正リスク対応基準(2)

監査における不正リスク対応基準（以下、不正リスク対応基準とする。）に関する次のア～エまでの記述のうち、正しいものの組合せはどれか、一つ選びなさい。

ア．特定の目的のために監査が義務づけられ、社会的影響も小さく、監査報告の利用者も限定されているような監査では、品質管理の方針及び手続において、監査意見が適切に形成されていることを確認できる審査に代わる他の方法が定められている場合には、審査を受けないことができる。

イ．監査人は、不正による重要な虚偽の表示を示唆する状況はあるが、追加的な監査手続の実施の結果、不正による重要な虚偽の表示の疑義がないと判断した場合には、その旨と理由を監査調書に記載しなければならない。

ウ．不正リスク対応基準が規定されたことにより、監査人に対し、不正リスクへの対応として、被監査会社への予告の無い往査、すなわち、抜き打ち検査の実施が義務付けられることとなった。

エ．不正リスク対応基準においては、被監査企業と取引先企業の通謀が疑われる場合の監査手続として、「取引先企業の監査人との連携」の実施が規定されている。

1．アイ　　2．アウ　　3．アエ　　4．イウ　　5．イエ　　6．ウエ

101 監査における不正リスク対応基準(3)

監査における不正リスク対応基準（以下、不正リスク対応基準とする。）に関する次のア～エまでの記述のうち、正しいものの組合せはどれか、一つ選びなさい。

ア．監査人は、監査実施の過程において経営者の関与が疑われる不正を発見した場合には、監査役等に報告し、協議の上、経営者に問題点の是正等適切な措置を求める必要があるが、当該不正が財務諸表に与える影響を評価することは求められていない。

イ．不正リスク対応基準は、中間監査には適用されるが、四半期レビューには適用されない。

ウ．不正リスク対応基準において、監査人に対して職業的懐疑心の保持やその発揮が特に求められることとなったが、これは、監査基準で採られている、監査を行うに際し、経営者が誠実であるとも不誠実であるとも想定しないという中立的な観点を変更したものではない。

エ．監査人は、監査実施の過程において、不正による重要な虚偽の表示を示唆する状況を識別した場合には、不正による重要な虚偽の表示の疑義が存在していないかどうかを判断するために、経営者に質問し説明を求める必要がある。しかし、他の追加的な監査手続を実施する必要はない。

　1．アイ　　2．アウ　　3．アエ　　4．イウ　　5．イエ　　6．ウエ

102 平成26年監査基準の改訂について
（特別目的の財務諸表の監査）(1)

　平成26年2月18日に金融庁企業会計審議会より公表された『監査基準の改訂について』及び『監査基準』に関する次のア～エまでの記述のうち、正しいものの組合せはどれか、一つ選びなさい。

ア．今回の監査基準の改訂に伴い、従来の適正性に関する意見の表明の形式に加えて、準拠性に関する意見の表明の形式が導入された。

イ．財務諸表における表示が利用者に理解されるために適切であるかどうかの判断には、財務諸表が表示のルールに準拠しているかどうかの評価と、財務諸表の利用者が財政状態や経営成績等を理解するに当たって財務諸表が全体として適切に表示されているか否かについての一歩離れて行う評価が含まれ、適正性及び準拠性に関する意見の表明において上記二つの評価が行われる。

ウ．準拠性に関する意見の表明については、従来の適正性に関する意見表明のための報告基準とは異なる報告基準が改めて規定された。

エ．監査人は、財務諸表が特別の利用目的に適合した会計の基準により作成される場合には、当該財務諸表が会計の基準に準拠して作成されているかどうかについて、意見として表明することがある。

　　1．アイ　　2．アウ　　3．アエ　　4．イウ　　5．イエ　　6．ウエ

103 平成26年監査基準の改訂について
（特別目的の財務諸表の監査）(2)

平成26年2月18日に金融庁企業会計審議会より公表された『監査基準の改訂について』及び『監査基準』に関する次のア～エまでの記述のうち、正しいものの組合せはどれか、一つ選びなさい。

ア．平成26年の改訂前の監査基準は、一般目的の財務諸表に対し公認会計士又は監査法人が監査を行う場合を想定したものであり、特別目的の財務諸表に対する監査意見の位置付けは明確ではなかった。

イ．準拠性に関する意見の表明に当たっては、監査人は、会計方針が会計の基準に準拠しているかどうか、それが継続的に適用されているかどうか、財務諸表における表示が適切かどうかについて判断をしなければならないが、その会計方針の選択や適用方法が会計事象や取引の実態を適切に反映しているかどうかという一歩離れての評価は行われない。

ウ．監査人は、一般目的の財務諸表に対し適正性に関する意見を表明する場合、財務諸表に全体として重要な虚偽表示がないかどうかについて合理的な保証を得たと判断した上で監査意見を表明しなければならないが、準拠性に関する意見を表明する場合は、財務諸表に重要な虚偽表示がないかどうかについて合理的な保証を得たと判断した上で監査意見を表明しなければならないわけではない。

エ．財務諸表を構成する貸借対照表等の個別の財務表や個別の財務諸表項目等に対する監査意見を表明する場合についても、監査基準は適用される。

　　1．アイ　　2．アウ　　3．アエ　　4．イウ　　5．イエ　　6．ウエ

104 特別目的の財務報告の枠組みに準拠して作成された財務諸表に対する監査 （監査基準報告書800）

　特別目的の財務諸表に対する監査に関する次のア～エまでの記述のうち、正しいものの組合せはどれか、一つ選びなさい。

ア．監査人は、財務諸表が契約書に定められている財務報告の枠組みに準拠して作成されている場合には、財務諸表の作成に当たり経営者が行った、財務報告の枠組みに係る取決めに関するすべての重要な解釈を理解しなければならない。

イ．財務諸表の作成基準が明確に確立していない状況において、利害関係者の間で枠組みを決定し、当該枠組みを特別目的の財務報告の枠組みとして取り扱う場合もある。

ウ．適用される財務報告の枠組みが、特別目的の財務諸表に関する基準を公表する権限を有する会計基準設定主体により公表されている場合には、当該財務報告の枠組みは、無条件で特別目的の財務報告の枠組みとして受入可能なものであると推定される。

エ．特別目的の財務諸表は、想定されていない目的に利用されることはない。

　1．アイ　　2．アウ　　3．アエ　　4．イウ　　5．イエ　　6．ウエ

105 個別の財務表又は財務諸表項目等に対する監査
(監査基準報告書805)

　個別の財務表又は財務諸表項目等に対する監査に関する次のア〜エまでの記述のうち、正しいものの組合せはどれか、一つ選びなさい。

ア．監査人は、企業の完全な一組の財務諸表全体に対して否定的意見を表明する、又は意見不表明とすることが必要であると判断する場合、一つの監査報告書に、当該完全な一組の財務諸表の一部を構成する個別の財務表又は財務諸表項目等に対する無限定意見を含めることができる。

イ．監査人は、企業の完全な一組の財務諸表に対する監査報告書における監査意見が除外事項付意見の場合、又は当該監査報告書に強調事項区分若しくはその他の事項区分が含まれている場合、除外事項又は強調事項若しくはその他の事項が個別の財務表又は財務諸表項目等に対する監査及びその監査報告書に及ぼす影響を判断しなければならない。

ウ．監査人は、企業の完全な一組の財務諸表全体に対して否定的意見を表明する、又は意見不表明とすることが必要であると判断した場合であっても、当該完全な一組の財務諸表に含まれる財務諸表項目等に対する別の監査業務においては、当該財務諸表項目等に対して無限定意見を表明することが適切であると考える場合がある。

エ．監査人は、完全な一組の財務諸表全体に対して否定的意見を表明する、又は意見不表明とする場合、完全な一組の財務諸表に含まれる個別の財務表に対して無限定意見を表明することができる。

　　1．アイ　　2．アウ　　3．アエ　　4．イウ　　5．イエ　　6．ウエ

106 監査上の主要な検討事項(1)

監査上の主要な検討事項に関する次の記述のうち、正しいものの組合せとして最も適切な番号を一つ選びなさい。

ア．監査上の主要な検討事項とは、当年度のみならず、過年度の財務諸表の監査も含め、監査人が職業的専門家として特に重要であると判断した事項をいう。

イ．監査上の主要な検討事項は、監査人が監査役等とコミュニケーションを行った事項から選択される。

ウ．監査上の主要な検討事項の記載は、財務諸表利用者に対し、監査人が実施した監査の内容に関する情報を提供するものであり、監査報告書における監査意見の位置付けを変更するものではない。

エ．「監査上の主要な検討事項」の記載を有意義なものとするためには、監査人は財務諸表の監査の過程を通じて監査役等と適切な連携を図った上で、監査人が監査役等に対して行う報告内容を基礎としつつ、当該財務諸表の監査に固有の情報を控え、分かりやすく記載することが重要である。

1．アイ　　2．アウ　　3．アエ　　4．イウ　　5．イエ　　6．ウエ

107 監査上の主要な検討事項(2)

監査上の主要な検討事項に関する次の記述のうち、正しいものの組合せとして最も適切な番号を一つ選びなさい。

ア．監査人は、企業及び監査に関する事実及び状況を踏まえて、報告すべき監査上の主要な検討事項がない場合、監査報告書に「監査上の主要な検討事項」の見出しを付した区分を設ける必要はない。

イ．監査人は、未公表の情報について、監査報告書において報告することにより生じる不利益が公共の利益を上回ると合理的に見込まれる場合であっても、財務諸表利用者にとって有用な情報を提供する観点から、監査報告書に監査上の主要な検討事項を記載しなければならない。

ウ．監査人が財務諸表に対する意見を表明しない場合、「監査上の主要な検討事項」区分を設けて監査上の主要な検討事項を記載してはならない。

エ．監査人は、否定的意見を表明する原因となる事項以外に監査上の主要な検討事項を決定した場合、監査上の主要な検討事項の記述によって、財務諸表全体の信頼性が高まるという誤った印象を与えないようにすることが特に重要である。

1．アイ　　2．アウ　　3．アエ　　4．イウ　　5．イエ　　6．ウエ

監査上の主要な検討事項に関する次の記述のうち、正しいものの組合せとして最も適切な番号を一つ選びなさい。

ア．監査上の主要な検討事項を監査報告書に記載する監査基準の改訂が行われているという国際的な動向を踏まえつつ、我が国の監査プロセスの透明性を向上させる観点から、監査報告書において監査上の主要な検討事項の記載が求められることとなった。

イ．監査人は、監査人が監査上の主要な検討事項と決定した事項、又は企業及び監査に関する事実及び状況により、監査報告書において報告すべき監査上の主要な検討事項がないと監査人が判断した場合はその旨に関して監査役等とコミュニケーションを行わなければならない。

ウ．監査人は企業に関する未公表の情報を含む追加的な情報を記載することが必要であると考えることがある。その場合、守秘義務が解除されることになり、監査人は、経営者に情報開示を促すことなく、情報を開示することになる。

エ．監査上の主要な検討事項は、監査の内容に関する情報を提供するものであるため、通常、企業に関する未公表の情報の提供を意図するものである。

　1．アイ　　2．アウ　　3．アエ　　4．イウ　　5．イエ　　6．ウエ

109 監査上の主要な検討事項(4)

監査上の主要な検討事項に関する次の記述のうち、正しいものの組合せとして最も適切な番号を一つ選びなさい。

ア．監査報告書に対して除外事項付意見を表明する原因となる事項、又は継続企業の前提に関する重要な不確実性は、その性質上、監査上の主要な検討事項に該当する。

イ．監査人は、監査上の主要な検討事項であると決定された事項について監査報告書において報告しないと判断した場合の根拠を、監査調書に記載する必要はない。

ウ．連結財務諸表及び個別財務諸表の監査を実施しており、連結財務諸表の監査報告書において同一内容の監査上の主要な検討事項が記載されている場合には、個別財務諸表の監査報告書においてその旨を記載し、当該内容の記載を省略することができる。

エ．「強調事項」区分の利用は、監査上の主要な検討事項の記載の代替となる。

　1．アイ　　2．アウ　　3．アエ　　4．イウ　　5．イエ　　6．ウエ

110 令和2年の監査基準の改訂について

令和2年の監査基準の改訂に関する次のア〜エの記述のうち、正しいものの組合せを選びなさい。

ア．令和2年の監査基準の改訂により、財務諸表項目レベルにおいては、固有リスクの性質に着目して重要な虚偽の表示がもたらされる要因などを勘案することが、重要な虚偽表示のリスクのより適切な評価に結び付くことから、固有リスクと統制リスクを分けて評価することとした。

イ．令和2年の監査基準の改訂により、財務諸表全体レベルにおいても、固有リスクと統制リスクを分けて評価することとした。

ウ．令和2年の監査基準の改訂により、財務諸表項目レベルにおける評価において、虚偽の表示が生じる可能性と当該虚偽の表示が生じた場合の影響の双方を考慮して、重要な虚偽表示リスクが最も高い領域に存在すると評価したリスクを特別な検討を必要とするリスクと定義することとした。

エ．監査人は、特別な検討を必要とするリスクがあると判断した場合には、それが財務諸表における重要な虚偽の表示をもたらしていないかを確かめるための実証手続を実施し、また、内部統制の整備状況を調査し、必要に応じて、その運用状況の評価手続を実施しなければならない。

1．アイ　　2．アウ　　3．アエ　　4．イウ　　5．イエ　　6．ウエ

解答・
解説編

第1部

監査の基礎理論

（法令及び企業会計審議会公表による各種基準を含む）

第1章

財務諸表の監査総論

《解答・解説編》

1 金融商品取引法の目的

《解答》 5

《解説》

ア．正しい。

（金融商品取引法第１条参照）

イ．正しい。

（同参照）

ウ．正しい。

（同参照）

エ．正しい。

（同参照）

オ．誤り。

金融商品等の価格維持等を図ることではなく、金融商品等の公正な価格形成
等を図ることである。（同参照）

2 財務諸表の監査の目的

《解答》 1

《解説》

ア．誤り。

監査の対象となる財務諸表の種類、あるいは監査の根拠となる制度や契約事

項が異なれば、それに応じて、意見の表明の形式は異なるものとなる。

（監査基準の改訂について（平成14年）三1(3)参照）

イ．正しい。

（同(2)参照）

ウ．正しい。

（同(1)参照）

エ．正しい。

（同(4)参照）

オ．正しい。

（同(5)参照）

3 監査の限界

《解答》 3

《解説》

ア．誤り。

監査の限界とは、監査人が、たとえ適切に監査計画を策定して適切に監査を実施したとしても、すべての重要な虚偽表示を発見できない可能性があるということを意味するのであり、適切に監査を実施しなかった場合に重要な虚偽表示を発見できないことは監査の限界にはつながらない。

イ．正しい。

（監査基準報告書200 A 45項）

ウ．正しい。

（監査基準報告書200 A 46項）

エ．誤り。

監査手続の実施が容易でないこと、又は実施の時期や費用の問題は、代替手続のない監査手続を省略したり、心証を形成するに至らない監査証拠に依拠したりする理由とはならない。（監査基準報告書200 A 47項）

4 監査人の役割

《解答》 6

《解説》

ア．正しい。

　　監査人は意見表明責任を負い、表明した意見に対して責任を負わなければならない。

イ．正しい。

　　（監査基準第1　監査の目的）

ウ．誤り。

　　情報監査であっても財務諸表作成上の経営者の判断・見積りも調査対象に含めなければ、財務諸表の適否を明らかにすることはできない。

エ．誤り。

　　財務諸表は受託責任を負っている経営者の権限と責任において作成される。したがって、監査人の指導を受け入れるかどうかは経営者の自由であり、監査人は修正を強制する権限や自ら修正する権限を持たない。

5 財務諸表の監査の必要性

《解答》 1

《解説》

ア．正しい。

　　利害関係者の遠隔性が理由の一つとなる。

イ．正しい。

　　利害の対立が理由の一つとなる。

ウ．正しい。

　　影響の重大性が理由の一つとなる。

エ．正しい。

　　財務諸表の複雑性が理由の一つとなる。

第 2 章
監査基準総論

《解答・解説編》

6 　監査基準の改訂(1)

《解答》 5

《解説》

ア．誤り。

　監査基準は、企業会計審議会が設定している。

イ．正しい。

　記載されている通りである。

ウ．誤り。

　監査基準の基本的性格は、昭和25年の監査基準の設定当時に明示されている
が、その基本的性格は、今日においても、変わるものではないとされている。

　（監査基準の改訂について（平成14年）二1）

エ．正しい。

　（監査基準の改訂について（平成14年）二3）

7 　監査基準の改訂(2)

《解答》 6

《解説》

ア．正しい。

　（監査基準の改訂について（平成21年）一）

イ．正しい。

（監査基準の改訂について（平成22年）二2(1)）

ウ．誤り。

　監査人による監査意見の形成過程そのものは、実質的に従前とは変わりがない。しかし、意見に関する除外及び監査範囲の制約に関して、従来の我が国の監査基準では、重要な影響として一括して扱っていた、「重要性」と「広範性」について、国際監査基準では2つの要素を明示的に示すことになっており、我が国においても平成22年の改訂において、当該影響について、「重要性」と財務諸表全体に及ぶのかという「広範性」の2つの要素から判断が行われることを明確にした。（監査基準の改訂について（平成22年）二2(1)）

エ．誤り。

　従来、「継続企業の前提に関する注記」がなされてきたケースの一部について、経営者の対応策等から継続企業の前提に関する重要な不確実性が認められないため、「注記」に至らないケースが生じることもある。上場会社等において、継続企業の前提に関する重要な不確実性が認められず当該注記を行わないケースにおいても、例えば、有価証券報告書の「事業等のリスク」等において、一定の事象や経営者の対応策等を開示し、利害関係者に情報提供が行われることが適切である。（監査基準の改訂について（平成21年）二2）

8 報告基準

《解答》 1

《解説》

ア．誤り。

　監査人は、財務諸表が一般に公正妥当と認められる企業会計の基準に準拠して適正に表示されているかどうか（すなわち、財務諸表の適正性）の判断に当たっては、経営者が採用した会計方針が、企業会計の基準に準拠して継続的に適用されているかどうかのみならず、その選択及び適用方法が会計事象や取引を適切に反映するものであるかどうか並びに財務諸表の表示方法が適切であるかどうかについても評価しなければならない。（報告基準一2参照）

イ．正しい。

（同3参照）

ウ．正しい。

令和元年の改訂により、従来の記載に加えて、当該記載が必要であることが明確にされた。

（報告基準四1、五1参照）

エ．正しい。

（報告基準一4参照）

9 監査基準

《解答》 4

《解説》

ア．誤り。

監査基準は、金融商品取引法に基づく監査のみならず、会社法に基づく監査など、財務諸表の種類や意見として表明すべき事項を異にする監査も含め、公認会計士監査の・す・べ・て・に・共通するものである。

（監査基準の改訂について（平成14年）二3参照）

イ．誤り。

レビューは、監査基準の対象とされていない。なぜなら、レビューは、財務諸表全体が適正であるかどうかについて意見の表明を行う監査とは、その保証水準を明確に異にするものであり、レビューが監査の一環又は一部であると誤解され、監査と混同されると、却って監査に対する信頼を損ねる虞が生じるからである。（同二3参照）

ウ．誤り。

監査基準の設定主体は、企業会計審議会である。

エ．正しい。（同二1参照）

オ．誤り。

平成14年における監査基準の改訂により「監査実施準則」と「監査報告準

則」は廃止された。（監査基準の改訂について（平成14年）二2参照）

10 監査基準の歴史

《解答》1

《解説》

ア．正しい。記載されている通りである。

イ．正しい。記載されている通りである。

ウ．正しい。記載されている通りである。

エ．正しい。記載されている通りである。

オ．正しい。記載されている通りである。

第 3 章 監査主体論

《解答・解説編》

11 監査人

《解答》 5

《解説》

ア．誤り。

未成年者は、公認会計士となることができない。

（公認会計士法第 4 条第 1 号参照）

イ．正しい。

監査は、通常、複数人で実施される。

ウ．誤り。

金融商品取引法監査と会社法会計監査人監査の監査人を同一の公認会計士又は監査法人にしなければならないという規定はない。

エ．正しい。

監査責任者が、監査業務について責任を負うこととなる。

12 公認会計士法(1)

《解答》 4

《解説》

ア．正しい。

（公認会計士法第34条の10の 4 第 7 項）

イ．正しい。

（同第 1 条参照）

ウ．正しい。

（同第 1 条の 3 第 3 項、第34条の 2 の 2 第 1 項参照）

エ．誤り。

守秘義務に違反した場合等には、公認会計士は罰金の刑に処される。

（公認会計士法第52条第 1 項）

13 公認会計士法(2)

《解答》 2

《解説》

ア．正しい。

（公認会計士法第34条の11の 4、公認会計士法施行令第19・20条）

イ．誤り。

公認会計士法の欠格条項に該当した者であっても、欠格条項に該当しないこととなった場合には、公認会計士として登録することができる。

（公認会計士法第 4 条）

ウ．正しい。

（公認会計士法第34条の10の 2 第 3・4 項）

エ．誤り。

監査法人を設立するために、内閣総理大臣の認可を受ける必要はない。なお、監査法人は、設立の登記をすることによって成立し、成立から 2 週間以内にその旨を内閣総理大臣に届け出なければならない。（公認会計士法第34条の 2 の 2 第 1 項）

14 ローテーション

《解答》 2

《解説》

ア．正しい。

　　筆頭業務執行責任者は、5会計期間がクーリングオフ期間である。なお、筆頭業務執行責任者とは、監査業務の業務執行責任者のうち、その事務を統括する者として監査報告書の筆頭に署名する者1名をいう。（倫理規則 R540.11項）

イ．誤り。

　　監査業務に係る審査を行う者のクーリングオフ期間は、3会計期間である。

　　（倫理規則 R540.12項）

ウ．正しい。

　　その他の監査業務の主要な担当社員等のインターバル期間は、2会計期間である。

　　（倫理規則 R540.13項）

エ．誤り。

　　7会計期間を連続して関与せずに、累積した7会計期間の範囲内で、一旦関与を外れ、再度関与する場合には、ア～ウの肢のクーリングオフ期間以上の期間について連続して関与を外れない限り、再度関与した期間は1会計期間目の関与とはならない。例えば、筆頭業務執行責任者として4会計期間関与した者がその後3会計期間関与を外れた場合、同じ監査業務に対して、更に3会計期間だけ監査業務の主要な担当社員等として関与することができる（累積して7会計期間の関与期間となる）。（倫理規則 R540.6項）

15 監査法人制度

《解答》 2

《解説》

ア．正しい。

（公認会計士法第1条の3第4項参照）

イ．誤り。

監査法人の社員のうちに公認会計士である社員の占める割合は、百分の五十を下らない内閣府令で定める割合以上でなければならないと定められており、内閣府令で定められた割合は、百分の七十五である。したがって、監査法人においては、公認会計士である社員が百分の七十五以上いなければならないのである。（公認会計士法第34条の4第3項、公認会計士法施行規則第19条参照）

ウ．正しい。

（公認会計士法第34条の10の2第1項参照）

エ．誤り。

監査法人は、その名称中に「監査法人」という文字を使用しなければならない。なお、有限責任監査法人の場合には、「有限責任」という文字も使用する必要がある。（公認会計士法第34条の3、公認会計士法施行規則第18条参照）

16 独立の立場

《解答》 1

《解説》

ア．誤り。

一般基準2は「監査人は、監査を行うに当たって、常に公正不偏の態度を保持し、独立の立場を損なう利害や独立の立場に疑いを招く外観を有してはならない。」と規定しており、公正不偏の態度の保持や独立の立場等の確保について、特定の場面を想定しているわけではなく、監査人が実施する監査全体を対象としている。（一般基準2参照）

イ．正しい。（倫理規則 《用語集》 独立性参照）

ウ．正しい。

エ．正しい。

17 公正不偏の態度及び正当な注意

《解答》 3

《解説》

ア．正しい。

イ．正しい。（監査基準の改訂について（平成14年）三 2 (2)）

ウ．誤り。

　投資者等の第三者との間には契約関係が存在しないため、第三者に対して債務不履行による損害賠償責任は生じない。

エ．正しい。（監査基準の改訂について（平成14年）三 2 (2)）

18 監査人の責任(1)

《解答》 3

《解説》

ア．誤り。

　監査人が損害賠償責任を免れる場合とは、虚偽の監査証明をしたことにつき、故意又は過失がなかったことを監査人自らが証明した場合である。

　（金融商品取引法第21条第 1 項柱書・第 3 号、第 2 項第 2 号参照）

イ．誤り。

　独立の立場を損なう利害や独立の立場に疑いを招く外観を有さないことは精神的独立性を維持するための基盤であると考えられる。したがって、精神的独立性が失われるなら、被監査会社に対する監査人の独立の立場を損なう利害や独立の立場に疑いを招く外観を有するおそれがあるとする本選択肢の記述は逆である。

ウ．正しい。

エ．誤り。

　　監査人に対する行政処分には、戒告もある。（公認会計士法第29条参照）

19 監査人の責任(2)

《解答》　2

《解説》

ア．正しい。

　　（公認会計士法第52条）

イ．誤り。

　　公認会計士が故意に虚偽の監査証明をした場合、内閣総理大臣は、当該公認
　会計士に対し課徴金を国庫に納付することを命じなければならないとされてお
　り、その額は、監査報酬相当額の1.5倍に相当する額である。なお、一定の場
　合には、内閣総理大臣は、課徴金の納付を命じないことができる。

　　（公認会計士法第31条の２第１項第１号、第２項）

ウ．正しい。

　　（公認会計士法第26条、第31条第１項）

エ．誤り。

　　公認会計士が、故意に虚偽証明をした場合には、２年以内の業務の停止又は
　登録の抹消の処分が下されることになる。

　　（公認会計士法第30条第１項参照）

20 外観的独立性

《解答》　3

《解説》

ア．公認会計士法第２条第１項の業務を行うことはできない。

　　（同第24条第１項第１号参照）

イ．公認会計士法第2条第1項の業務を行うことはできない。

（同第24条第2項、同施行令第7条第1項第2号参照）

ウ．公認会計士法第2条第1項の業務を行うことができる。

（同第24条第2項、同施行令第7条第1項第4号参照）

エ．公認会計士法第2条第1項の業務を行うことはできない。

（同第24条第2項、同施行令第7条第1項第6号参照）

オ．公認会計士法第2条第1項の業務を行うことはできない。

（同第24条第2項、同施行令第7条第1項第5号参照）

21 職業倫理(1)

《解答》 2

《解説》

ア．正しい。

（倫理規則 R111.2項）

イ．誤り。

公認会計士が遵守すべき倫理上の基本原則には、公正性ではなく、客観性が含まれている。

（倫理規則第110.1 A 1項）

ウ．正しい。

（倫理規則 R113.3項）

エ．誤り。

会員は、日常の社会生活においても守秘義務を負い、特に職場の同僚等の業務上の関係者又は家族若しくは近親者への意図や違反の自覚がないことによる業務上知り得た秘密の開示には十分留意しなければならない。（倫理規則 R114.1項(1)）

22 職業倫理(2)

《解答》 4

《解説》

ア．誤り。

　本肢の場合，専門業務の提供を終了又は辞退するのではなく，関連する利害を解消するか，又は関係を終了することにより，阻害要因を除去するか，又は許容可能な水準にまで軽減するということもある。（倫理規則 R310.10項）

イ．正しい。

　（倫理規則第410.14 A 1 項）

ウ．正しい。

　法令等により禁止されていなくても，不適切な影響を与える意図がある等の場合，及び社会通念上許容される範囲を超える場合には，勧誘を受け入れることはできない。（倫理規則第340.6 A 1 項，R340.8項，第340.11 A 2 JP 項）

エ．誤り。

　倫理規則における勧誘とは，他の個人の行動に影響を与える手段として利用される金品，状況又は行動を指すが，必ずしも個人の行動に不適切な影響を与える意図があるわけではない。

　（倫理規則第340.4 A 1 項）

23 職業倫理(3)

《解答》 1

《解説》

ア．正しい。

　（倫理規則 R120.11項）

イ．正しい。

　（倫理規則第 7 項）

ウ．誤り。

会員は、セカンド・オピニオンを求める事業体が現任又は前任会員と協議することに同意しない場合には、セカンド・オピニオンの提供の可否を自ら決定しなければならないのであり、提供することもある。（倫理規則第321.4項）

エ．誤り。

本肢の場合、2年目の監査意見を表明する前に、会計事務所等の構成員ではない会員による監査業務に係る審査と同様のレビュー（「監査意見表明前のレビュー」）が、阻害要因を許容可能な水準にまで軽減するためのセーフガードとなり得るかどうかを判断し、セーフガードとなり得ると判断した場合は、その対応策を適用しなければならないとされており、阻害要因を許容可能な水準にまで軽減できた場合には、監査業務を行うことができる。（倫理規則 R410.18項）

第 4 章
監査実施論

《解答・解説編》

24 監査証拠の分類

《解答》 4

《解説》

　ア、クが外部証拠に該当する。金融機関が発行する残高証明書でも被監査会社が入手しているならば、内部証拠になる。

25 個々の監査手続(1)

《解答》 1

《解説》

　（　　　）内に適切な語句を入れると以下のようになる。

ア．（分析的手続）の具体例としては、固定資産全体の帳簿価額と平均償却率を使用して減価償却費のオーバーオールテストをするということが挙げられる。

イ．（質問）は、重要な監査証拠を提供することがあり、虚偽表示の証拠を提供する可能性もあるが、通常、それのみでは、アサーション・レベルの重要な虚偽表示がないこと又は内部統制の運用状況の有効性について十分な監査証拠を提供しない。

ウ．（証憑突合）は、取引の原点にまで遡る点において、これによって入手された監査証拠の証明力は強く、取引の真実性、会計処理の妥当性等が確かめられる。

エ．実証手続における監査証拠は、現金等の（実査）、棚卸資産等の（立会）、預

金・売掛金・係争事件等の（確認）等により入手される。

オ．運用評価手続として実施する（記録や文書の閲覧）の例としては、承認の有無を確かめることがある。

　以上より使用しなかった監査手続は、ｅ査閲、ｈ帳簿突合、ｉ再計算、ｊ再実施であり、これらのみから成り立っている組み合わせはｈｉであるから、解答は１になる。

26 個々の監査手続(2)

《解答》 1

《解説》

ア．正しい。

　売上の期間配分の適切性について検討するためには、当期の売上が次期の売上として計上されていないかや次期の売上が当期の売上として計上されていないかなどを調べる必要がある。

イ．誤り。

　監査人は、監査の有効性の観点から、相互融通可能で換金性の高い資産（現金、受取手形、有価証券等）を同時に実査しなければならないのであって、効率性の観点からではない。なお、効率性の観点から同時に監査すべきものは、例えば、支払利息と借入金のように相互に関連性の高い項目などである。

ウ．誤り。

　監査人は、返信された確認回答書について、会社の帳簿残高と食い違いがあり、かつ適切な調整もなされなければ、追加的な監査手続を実施して重要な虚偽の表示の存否を確かめなければならない。つまり監査人に確認回答書が返信されたとしても、取引先の貸付金残高が必ず実在しているとは言い切れない。

エ．誤り。

　実証手続を実施する際、重要な虚偽の表示が存在する可能性が高いと判断される場合には、監査手続を期末に近い時期に実施する、あるいは、期末の監査

手続に追加して適切な監査手続を実施するのであって、前倒し、すなわち期中にのみ実施するのではない。

オ．誤り。

　確認は、主として、実在性を立証するための監査手続であって、貸付金の貸倒見積額の妥当性、すなわち貸付金の評価の妥当性を確かめることは、通常できない。この評価の妥当性を確かめるためには、通常、勘定分析の一形態である年齢調べ等が適用されることが多い。

27 個々の監査手続(3)

《解答》　3

《解説》

ア．正しい。

　確認状は、銀行、得意先、仕入先等に送付することとなる。

イ．誤り。

　観察によって得られる監査証拠は、観察を行った時点のみの監査証拠である。例えば、ある手続の実施の状況を観察し、その適切な実施を確かめたとしても、当該手続が監査対象期間を通じて適切に実施されているかどうかは、判断できない。

ウ．誤り。

　会社が、実地棚卸を決算日以外の日に行った場合であっても、監査人がその日の実地棚卸に立会をしているのであれば、それは本来意味している立会である。ただし、この場合には、決算日現在の棚卸資産が適正であることを確かめるため、棚卸実施日と決算日との間の棚卸資産の増減、売上総利益率の比較検討の全体的な分析を行うことになる。

エ．正しい。

　質問は、書面又は電磁的記録による質問から口頭による質問まで様々である。

28 監査の品質管理

《解答》 2

《解説》

ア．正しい。

（監査に関する品質管理基準の設定について二参照）

イ．誤り。

監査業務の質を、主体的に管理し、合理的に確保するために、監査事務所が実施する業務の内容及び状況並びに監査事務所の性質及び状況を考慮した上で、職業的専門家としての判断に基づき、品質管理システムを適切に整備し、運用しなければならないのは、監査事務所である。（監査に関する品質管理基準第二1参照）

ウ．正しい。

（同第七3参照）

エ．正しい。

（同第十一6参照）

オ．正しい。

（同第三参照）

第 5 章
監査報告論

解 答 ・ 解 説 編

29 報告基準

《解答》 3

《解説》

ア．正しい。

(報告基準一4参照)

イ．正しい。

(同3参照)

ウ．誤り。

監査人は、財務諸表の適正性の判断に当たって、経営者が採用した会計方針が、企業会計の基準に準拠して継続的に適用されているかどうかのみならず、その選択及び適用方法が会計事象や取引を適切に反映するものであるかどうか並びに財務諸表の表示方法が適切であるかどうかについても評価しなければならない。(同2参照)

エ．正しい。

(同1参照)

オ．正しい。

(同5参照)

30 監査報告⑴

《解答》 3

《解説》

ア．正しい。

　監査報告書の二面的性質である。

イ．誤り。

　これまでの「監査基準」や「監査報告準則」が監査報告書の記載要件を示すことを重視していたのに対して、現行の報告基準は、監査人が意見を形成するに当たっての判断の規準を示すことを重視している。(監査基準の改訂について（平成14年）三9⑴参照)

ウ．誤り。

　金融商品取引法監査における監査報告書は、意見の種類に関係なく、すべて短文式監査報告書である。

エ．正しい。

　被監査会社との間に特別の利害関係を有している監査人は、当該会社の監査を受嘱することはできない。したがって、当該特別の利害関係の内容を監査報告書に記載することはない。

31 監査報告⑵

《解答》 1

《解説》

ア．正しい。

　自己の意見を形成するに足る基礎を得たとは、財務諸表の適否を判断するための根拠を得たということであり、財務諸表が不適正であると判断する根拠を得たことも自己の意見を形成するに足る基礎を得たということを意味する。

イ．誤り。

　金融商品取引法に基づく財務諸表の監査の監査報告書は、短文式監査報告書

である。また、長文式監査報告書の文言や様式は標準化されていない。

ウ．誤り。

　　会計事象や取引について適用すべき会計基準等が明確でない場合には、監査
範囲の制約とするのではなく、経営者が採用した会計方針が当該会計事象や取
引の実態を適切に反映するものであるかどうかについて、監査人が自己の判断
で評価しなければならないとされている。

　　（監査基準の改訂について（平成14年）三9(1)③参照）

エ．誤り。

　　将来の帰結が予測し得ない事象又は状況について、財務諸表に与える当該事
象又は状況の影響が複合的かつ多岐にわたる場合には、監査人は、重要な監査
手続を実施できなかった場合に準じて意見の表明ができるか否かを慎重に判断
しなければならない。（報告基準五4参照）

オ．誤り。

　　監査報告書の宛先は、通常、「取締役会」とされる。

第 6 章 監査制度論

32 金融商品取引法に基づく開示制度⑴

《解答》 5

《解説》

ア．誤り。

　　臨時報告書は監査証明の対象とはならない。

　　（金融商品取引法第193条の2第1項）

イ．正しい。

　　（金融商品取引法第24条の4の2第1項、第24条の4の8）

ウ．誤り。

　　監査法人が、財務諸表の監査を実施した場合でも、実施した監査等の従事者、

　　監査日数その他当該監査等に関する事項の概要を記載した概要書の提出先は、

　　財務局長等である。

　　（財務諸表等の監査証明に関する内閣府令第5条第1項）

エ．正しい。

　　（金融商品取引法第193条の2第7項）

33 金融商品取引法に基づく開示制度⑵

《解答》 5

《解説》

ア．誤り。

金融商品取引法に基づく企業内容の開示は、有価証券自体の価値を保証することを目的とはしていないため、誤りである。（金融商品取引法第1条）

イ．正しい。

（金融商品取引法第193条の2第6項）

ウ．誤り。

四半期報告書の提出期限は、第1四半期～第3四半期の各会計期間終了後の45日以内である。（金融商品取引法第24条第1項、同第24条の4の7第1項、同第24条の5第1項）

エ．正しい。

（金融商品取引法第193条の3第1・2項）

34 会社法監査制度(1)

《解答》 1

《解説》

ア．誤り。

大会社とは最終事業年度に係る貸借対照表に資本金として計上した額が5億円以上又は負債の部に計上した額の合計額が200億円以上の株式会社である。（会社法第2条第6号参照）

イ．正しい。

会計監査人監査が導入されたのは、昭和49年である。

ウ．正しい。

（同法第398条第1・2項参照）

エ．正しい。

（会社計算規則第127条2号参照）

35 会社法監査制度(2)

《解答》 4

《解説》

ア．正しい。

（会社法第337条第1・2項参照）

イ．正しい。

（同第337条第3項第2号参照）

ウ．正しい。

（同第396条第1項参照）

エ．誤り。

監査役設置会社（監査役が2名以上いる場合）において、取締役が会計監査人の選任に関する議案を株主総会に提出するには、監査役の過半数の同意があればよい。（同第329条第1項、同第344条第2項参照）

オ．正しい。

（同第340条第1・2項参照）

36 決算日程等

《解答》 2

《解説》

ア．正しい。

（監査基準報告書560実務指針第1号4(2)①b(a)）

イ．誤り。

会計監査人は、①当該計算書類の全部を受領した日から4週間を経過した日、②当該計算書類の附属明細書を受領した日から1週間を経過した日、③特定取締役、特定監査役及び会計監査人の間で合意により定めた日があるときはその日のいずれか遅い日までに、特定監査役及び特定取締役に対し、計算書類及びその附属明細書についての会計監査報告の内容を通知しなければならない。したがって、上記②などの日付が①の日より遅い場合には、監査報告の期限が①の日付より後になることもある。（会社計算規則第130条第1項第1号）

ウ．正しい。

（会社計算規則第130条第3項）

エ．誤り。

事業報告及びその附属明細書は、会計監査人の監査対象とはならない。

（会社法第436条第2項）

37 保証業務(1)

《解答》 2

《解説》

ア．正しい。

（財務情報等に係る保証業務の概念的枠組みに関する意見書五3）

イ．誤り。

本肢の分類は保証業務リスクによる分類である。しかし、保証業務リスクの程度により、結論の表明の形式が決まっており、合理的保証業務では積極的形式、限定的保証業務では消極的形式による結論が表明される。

（財務情報等に係る保証業務の概念的枠組みに関する意見書二2(2)）

ウ．正しい。

（財務情報等に係る保証業務の概念的枠組みに関する意見書七5(1)）

エ．誤り。

前半は正しい。業務実施者が、主題に責任を負う者又は特定の利用者との間で合意された手続に基づき発見した事項のみを報告する業務は実施される手続が主題に責任を負う者又は限られた利用者との間の合意によって特定されるため、業務実施者が自らの判断により証拠を入手しないこと、及び、手続の結果のみが報告され結論が報告されないことから、保証業務の定義を満たさない。

（財務情報等に係る保証業務の概念的枠組みに関する意見書二4(1)①②）

38 保証業務(2)

《解答》 5

《解説》

ア．誤り。

　　保証業務は、通常、主題情報を主題に責任を負う者が自己の責任において想
　定利用者に提示することを前提として行われる。しかし、主題に責任を負う者
　が自己の責任において主題情報を想定利用者に提示しない場合に、業務実施者
　が、主題それ自体について一定の規準によって評価又は測定した結果を結論と
　して表明する保証業務もある。

　　（財務情報等に係る保証業務の概念的枠組みに関する意見書二2(1)）

イ．正しい。

　　（財務情報等に係る保証業務の概念的枠組みに関する意見書四4）

ウ．誤り。

　　業務実施者は、主題に責任を負う者及び想定利用者の1人になることはでき
　ない。（財務情報等に係る保証業務の概念的枠組みに関する意見書四2）

エ．正しい。

　　（財務情報等に係る保証業務の概念的枠組みに関する意見書六3）

39　内部統制の監査(1)

《解答》 4

《解説》

ア．正しい。

　　（財務報告に係る内部統制の評価及び監査に関する実施基準Ⅱ2(2)）

イ．正しい。

　　（同Ⅲ3(1)）

ウ．正しい。

　　内部統制の有効性の評価についての検証は、「監査」の水準である。監査は、
　合理的保証業務に分類されるため、問題文のようなことがいえる。（財務報告
　に係る内部統制の評価及び監査の基準並びに財務報告に係る内部統制の評価及
　び監査に関する実施基準の設定について二(4)）

エ．誤り。

　　わが国における内部統制監査では、いわゆるダイレクトレポーティングは採用していない。（財務報告に係る内部統制の評価及び監査の基準並びに財務報告に係る内部統制の評価及び監査に関する実施基準の設定について二(4)③)

オ．正しい。

　　（財務報告に係る内部統制の評価及び監査の基準並びに財務報告に係る内部統制の評価及び監査に関する実施基準の設定について三(3)）

40 内部統制の監査(2)

《解答》 5

《解説》

ア．誤り。

　　監査人は、内部統制報告書における記載が適正であると判断した場合、無限定適正意見を表明することになる。（財務報告に係る内部統制の評価及び監査の基準Ⅲ4(3)参照)

イ．正しい。

　　内部統制報告書において、経営者が決定した評価範囲、評価手続及び評価結果に関して不適切なものがあり、その影響が無限定適正意見を表明できない程度に重要である場合は、意見に関する除外事項を付した限定付適正意見か不適正意見を表明することになる。

　　（財務報告に係る内部統制の評価及び監査の基準Ⅲ4(4)）

ウ．誤り。

　　当該状況において、内部統制報告書における経営者が行った記載が適切である場合には、内部統制監査報告書において無限定適正意見を表明するとともに、経営者がやむを得ない事情により評価範囲に含めなかった範囲及びその理由を追記情報として記載する。（財務報告に係る内部統制の評価及び監査に関する実施基準Ⅲ5(2)）

エ．正しい。

当該状況においては、監査人は、意見を表明しないこととなる。
(財務報告に係る内部統制の評価及び監査の基準Ⅲ4(5)②)

41 四半期レビュー(1)

《解答》 5

《解説》

ア．誤り。

　　監査人は、四半期財務諸表について、企業の財政状態、経営成績及びキャッシュ・フローの状況を重要な点において適正に表示していない事項が存在する可能性が高いと認められる場合に追加的な手続を実施するのであって、当初の計画に追加的な手続の実施を含めなければならないわけではない。(四半期レビュー基準　第二　実施基準7)

イ．正しい。

　　(四半期レビュー基準の設定について二1)

ウ．誤り。

　　当四半期会計期間に継続企業の前提に重要な疑義を生じさせるような事象又は状況が認められた場合、監査人は、当該四半期会計期間末から1年間について経営者の行った評価及び少なくとも当該四半期会計期間の翌四半期会計期間の末日までの経営者の対応策についての検討を行わなければならない。

　　(四半期レビュー基準の改訂について（平成21年）二1)

エ．正しい。

　　(四半期レビュー基準第一)

42 四半期レビュー(2)

《解答》 4

《解説》

ア．誤り。

一般に公正妥当と認められる四半期レビューの基準に準拠して四半期レビューを行ったことは、結論の根拠の区分に記載する事項である。他の事項は監査人の責任の区分に記載される。

　(四半期レビュー基準　第三報告基準5(4))

イ. 正しい。

　(四半期レビュー基準の改訂について（平成21年）二1)

ウ. 正しい。

　(四半期レビュー基準　第三報告基準6)

エ. 誤り。

　四半期レビュー範囲の制約による除外事項を付した限定付結論を表明する場合、結論の根拠の区分に、実施できなかった四半期レビュー手続及び当該事実が影響する事項及びこれらを踏まえて除外事項を付した限定付結論とした理由を記載しなければならないのであり、「可能であれば」ではない。

　(四半期レビュー基準　第三報告基準8)

第2部

監査実務指針編

（監査基準報告書200〜910、
品質管理基準報告書第1号）

第 7 章

監査全般にわたる基本的事項と責任

《解答・解説編》

43 財務諸表監査における総括的な目的
（監査基準報告書200）

《解答》 5

《解説》

ア．正しい。

　経営者は、監査の対象となる財務諸表を作成する責任を負っており、監査役若しくは監査役会、監査等委員会又は監査委員会は、取締役等である経営者の職務執行の監査を行う責任を負っている。これらの責任は、財務諸表監査を受けたからといって軽減されるものではない。（監査基準報告書200第4項）

イ．正しい。

　（監査基準報告書200第6項）

ウ．正しい。

　（監査基準報告書200第10項(2)）

エ．正しい。

　（監査基準報告書200第16項）

オ．誤り。

　財務諸表監査における監査意見は、財務諸表の適正性に関する意見であり、企業の将来の存続可能性を保証したり、経営者による業務遂行の効率性や有効性を保証したりするものではない。（監査基準報告書200A1項）

44 職業的懐疑心 （監査基準報告書200）

《解答》 2

《解説》

ア．正しい。

（監査基準報告書200第12項(11)）

イ．誤り。

前半は正しい。しかし、職業的懐疑心には、記録や証憑書類の信頼性について、疑念を抱くことを含む。（監査基準報告書200A19項）

ウ．正しい。

（監査基準報告書200A19項）

エ．誤り。

監査人が、過去の経験に基づいて、経営者、取締役等及び監査役等は信頼が置ける、又は誠実であると認識していたとしても、それによって職業的懐疑心を保持する必要性が軽減されるわけではない。

（監査基準報告書200A21項）

45 監査業務の契約条件の合意 （監査基準報告書210）

《解答》 3

《解説》

ア．正しい。

（監査基準報告書（序）付録5、監査基準報告書300A5項）

イ．誤り。

事業年度ごとに新規の監査契約書を取り交わさないことがあるが、契約条件を見直し、現行の契約条件を企業との間で再確認することができるため、事業年度ごとに新規の監査契約書を取り交わすことが適切である。（監査基準報告書210A28項）

ウ．誤り。

経営者は、機密情報も含め、経営者及び監査人が必要と判断した情報の全て
を監査人に提供しなければならない。（監査基準報告書210第４項(2)③ア・イ）

エ．正しい。

　（監査基準報告書210第５項）

46 監査業務における品質管理
（監査基準報告書220）（1）

《解答》 4

《解説》

ア．誤り。

　監査基準報告書220における監査チームは、個々の監査業務を実施する全て
の社員等及び専門職員、並びに当該業務において監査手続を実施する他の全て
の者から構成され、監査事務所が所属するネットワーク外の専門家は含まれな
い。（監査基準報告書220第12項(4)）

イ．正しい。

　（監査基準報告書220第13項）

ウ．正しい。

　（監査基準報告書220第36項(4)）

エ．誤り。

　監査チームは、監査チーム内で、又は監査チームと審査担当者若しくは専門
的な見解の問合せの助言者を含む監査事務所の品質管理システムにおいて活動
を実施する者との間で、監査上の判断の相違が生じた場合、監査事務所の方針
又は手続に従って監査上の判断の相違に対処し、これを解決しなければならな
い。そして、監査報告書は、監査上の判断の相違が解決しない限り、発行する
ことができない。

　（監査基準報告書220第37・38項）

47 監査業務における品質管理
（監査基準報告書220）(2)

《解答》 6

《解説》

ア．誤り。

　監査事務所が定めた品質管理のシステムに不備が存在した場合であっても、個々の監査業務が職業的専門家としての基準及び法令等を遵守して実施されなかったこと、又は監査意見の形成が適切ではなかったことを示すものではない。（監査基準報告書220 A112項）

イ．誤り。

　中間監査は年度監査の一環として行われるものとして位置付けられるため、中間監査に関する品質管理は、原則として年度監査における品質管理の一環として行われる。（監査基準報告書220第1項）

ウ．正しい。

　（監査基準報告書220第12項(2)）

エ．正しい。

　（監査基準報告書220第41項(1)）

48 監査調書（監査基準報告書230）

《解答》 1

《解説》

ア．正しい。

　（監査基準報告書230第5項(2)）

イ．誤り。

　監査人は、経営者、監査役若しくは監査役会、監査等委員会又は監査委員会及びその他の者と重要な事項について協議した場合には、重要な事項の内容、協議を実施した日及び協議の相手方等について文書化（監査調書に記録）しなければならない。（監査基準報告書230第9項）

ウ．誤り。

　　監査人は、重要な事項に関する結論を形成する過程において、矛盾した情報を識別した場合には、監査人がどのようにその矛盾した情報に対応したかについて、文書化しなければならない。（監査基準報告書230第10項）

エ．誤り。

　　監査人は、例外的な状況において、監査報告書日後に新たに若しくは追加的に監査手続を実施する場合がある。この場合、監査人は、以下の事項を文書化しなければならない。

⑴　発生した状況の内容

⑵　新たに又は追加的に実施した監査手続の内容、その結果入手した監査証拠、到達した結論及びそれらが監査報告書に及ぼす影響

⑶　監査調書に追加・変更を実施した者及び実施日並びにそれらを査閲した者及び査閲日

　　（監査基準報告書230第12項）

49 財務諸表監査における不正
（監査基準報告書240）⑴

《解答》　4

《解説》

ア．誤り。

　　改ざんされた個々の金額の重要性、すなわち、金額の多寡も不正発見の可能性に影響を与えることになる。（監査基準報告書240第6項）

イ．正しい。

　　（監査基準報告書240第10項⑴）

ウ．正しい。

　　（監査基準報告書240第12項）

エ．誤り。

　　経営者による内部統制を無効化するリスクの程度は企業によって異なるが、すべての企業に存在するものである。（監査基準報告書240第30項）

50 財務諸表監査における不正
(監査基準報告書240) (2)

《解答》 2

《解説》

ア．誤り。

不正を防止し発見する基本的な責任は経営者にあるが、取締役会及び監査役等も責任を有する。

（監査基準報告書240第 4 項）

イ．正しい。

（監査基準報告書240第 5 項）

ウ．誤り。

経営者に対する質問は、従業員不正による重要な虚偽表示リスクに関しての有益な情報を入手することができるが、経営者不正による重要な虚偽表示リスクに関しての有益な情報を入手することができる可能性は低い。

（監査基準報告書240 A 14項）

エ．誤り。

監査チームのメンバーは、経営者、取締役等及び監査役等が信頼でき誠実であるという考えをもたずに、討議を行わなければならない。

（監査基準報告書240第14項）

オ．誤り。

監査人が、不正が存在又は存在するかもしれない証拠を入手した場合は、速やかに、適切な階層の経営者に注意を喚起することが重要である。これは、例え些細な事項（例えば、従業員による少額の使込み）であっても同様である。

（監査基準報告書240 A 57項）

51 財務諸表監査における法令の検討
（監査基準報告書250）

《解答》 5

《解説》

ア．誤り。

　　監査人は企業の違法行為の防止に対して責任は負わず、また、違法行為の全てを発見することが期待されているわけではない。

　　（監査基準報告書250第4項）

イ．誤り。

　　監査上問題となる違法行為には、経営者、監査役等又は従業員による企業の事業活動に関連しない個人の違法行為は含まれない。

　　（監査基準報告書250第11項）

ウ．誤り。

　　監査人は、監査の実施過程で気付いた違法行為又はその疑いに関連する事項を、法令によって禁止されていない限り、明らかに軽微である場合を除き、監査役等とコミュニケーションを行わなければならない。したがって、些細な違法行為についてまで監査役等に報告する必要はない。

　　（監査基準報告書250第22項）

エ．誤り。

　　監査人は、違法行為が財務諸表に重要な影響を及ぼし、かつ財務諸表に適切に反映されていないと判断した場合には、監査基準報告書705「独立監査人の監査報告書における除外事項付意見」第6項及び第7項に従って、限定意見又は否定的意見を表明することになる。（監査基準報告書250第25項）

オ．正しい。

　　（監査基準報告書250第28項）

52 監査役等とのコミュニケーション
（監査基準報告書260）

《解答》 3

《解説》

ア．正しい。

（監査基準報告書260第20項）

イ．誤り。

コミュニケーションは口頭若しくは書面又は電磁的記録によって行われ、書面によるコミュニケーションであっても有効なコミュニケーションとなることはある。

（監査基準報告書260A45項）

ウ．誤り。

独立性についての監査人と監査役等とのコミュニケーションはすべての会社に対する監査において実施する必要があるが、書面又は電磁的記録で行うことが求められているのは被監査会社が上場している場合であり、すべての監査契約において実施する必要はない。（監査基準報告書260第15・19項）

エ．正しい。

（監査基準報告書260第14項(1)(4)）

53 内部統制の不備に関するコミュニケーション
（監査基準報告書265）

《解答》 1

《解説》

ア．誤り。

重要な虚偽表示リスクを識別し評価する際に、監査に関連する内部統制システムを理解することは、監査人が、内部統制の有効性に対する意見を表明するためのものではない。（監査基準報告書265第2項）

イ．誤り。

財務諸表の虚偽表示を適時に防止又は発見・是正するのに必要な内部統制が存在しない場合も内部統制の不備に該当することになる。

（監査基準報告書265第5項(1)①・②）

ウ．正しい。

（監査基準報告書265第7項）

エ．正しい。

　　　（監査基準報告書265第8項）

オ．正しい。

　　　（監査基準報告書265Ａ1項）

第 8 章
リスク評価及び評価したリスクへの対応

解答・解説編

54 監査計画 (監査基準報告書300) (1)

《解答》 5

《解説》

ア．誤り。

　監査責任者と監査チームの主要メンバーは、監査計画の策定に参画しなければならないが、監査チームのすべての構成員に監査計画の策定の参画が求められるわけではない。(監査基準報告書300第 4 項)

イ．誤り。

　監査の基本的な方針の策定と詳細な監査計画の作成が逆になっている。すなわち、監査人は、詳細な監査計画を作成するための指針となるように、監査業務の範囲、監査の実施時期及び監査の方向性を設定した監査の基本的な方針を策定しなければならないのである。(監査基準報告書300第 6 項)

ウ．誤り。

　監査人は、監査の実施と管理を円滑にするために、監査計画の内容について経営者と協議することがある。例えば、立案した監査手続の一部について、企業の従業員の業務と連携することが含まれる。これらの協議が行われたとしても、監査の基本的な方針及び詳細な監査計画に係る責任が監査人にあることに変わりはない。(監査基準報告書300A 3 項)

エ．正しい。

　(監査基準報告書300A 2 項)

オ．正しい。

（監査基準報告書300 A 12項）

55 監査計画（監査基準報告書300）（2）

《解答》 2

《解説》

ア．正しい。

（監査基準報告書300第3項）

イ．誤り。

　初年度監査においては、監査人は、通常、継続監査とは異なり、監査計画の策定時に考慮できる企業における監査経験がないため、計画活動をより広く実施する場合がある。（監査基準報告書300 A 21項）

ウ．誤り。

　監査人は、通常、リスク評価手続の計画を監査の初期の段階で作成する。また、リスク対応手続の計画をリスク評価手続の結果に基づき作成する。

　（監査基準報告書300 A 12項）

エ．正しい。

　（監査基準報告書300 A 12項）

オ．誤り。

　監査人は、内部統制の運用評価手続により入手した監査証拠と実証手続の実施過程で入手した監査証拠が矛盾する場合には、監査計画を修正することがある。（監査基準報告書300 A 15項）

56 企業及び企業環境の理解を通じた重要な虚偽表示リスクの識別と評価（監査基準報告書315）（1）

《解答》 3

《解説》

ア．正しい。

　（監査基準報告書315第35項）

イ．誤り。

　事業上のリスクには、企業目的の達成や戦略の遂行に悪影響を及ぼし得る重大な状況、事象、環境及び行動の有無に起因するリスクだけではなく、不適切な企業目的及び戦略の設定に起因するリスクも含まれる。

　（監査基準報告書315第11項(7)）

ウ．誤り。

　質問のみでは、内部統制のデザインと業務への適用についてのリスク評価手続の目的には十分ではない。（監査基準報告書315A165項）

エ．正しい。

　（監査基準報告書315第13項）

57　企業及び企業環境の理解を通じた重要な虚偽表示リスクの識別と評価（監査基準報告書315）(2)

《解答》 5

《解説》

ア．誤り。

　財務諸表全体レベルの重要な虚偽表示リスクの評価も必ず行わなければならない。（監査基準報告書315第27項）

イ．誤り。

　リスク評価手続の際に監査人に求められる企業及び企業環境の理解の程度は、経営者と同程度のものではなく、経営者よりも低いものとなる。

　（監査基準報告書315A48項）

ウ．誤り。

　監査人は、効率的な場合には、リスク評価手続を運用評価手続や実証手続と同時に実施することがある。（監査基準報告書315A19項）

エ．誤り。

　監査人は、統制環境を理解する際に、財務諸表の作成に関連する内部統制において識別された不備に関して、内部監査人からの指摘や提言に対して経営者がどのように対応しているかを検討する場合がある。これには、経営者により

行われた是正措置の実施状況及び内部監査人による是正措置の評価が含まれる。

（監査基準報告書315付録4　7）

オ．正しい。

（監査基準報告書315第5項）

58 監査の計画及び実施における重要性
（監査基準報告書320）

《解答》　3

《解説》

ア．正しい。

（監査基準報告書320第4項）

イ．正しい。

（監査基準報告書320第8項(1)）

ウ．誤り。

手続実施上の重要性は、複数設定される場合がある。

（監査基準報告書320第8項(3)）

エ．正しい。

（監査基準報告書320第10項）

オ．誤り。

監査人は、重要性の基準値（設定している場合は、特定の取引種類、勘定残高又は注記事項に対する重要性の基準値）について、当初決定した金額よりも小さくすることが適切であると決定した場合には、手続実施上の重要性を改訂する必要があるか、さらに、リスク対応手続の種類、時期及び範囲が適切であるか判断しなければならないのであって、必ず手続実施上の重要性を改訂しなければならないわけではない。（監査基準報告書320第12項）

59 評価したリスクに対応する監査人の手続
（監査基準報告書330）（1）

《解答》　2

《解説》

ア．正しい。

（監査基準報告書330第 4 項）

イ．誤り。

　監査人が、関連する内部統制の運用状況の有効性に関して、十分かつ適切な監査証拠を入手する運用評価手続を実施しなければならないのは、アサーション・レベルの重要な虚偽表示リスクを評価した際に、内部統制が有効に運用されていると想定する場合（すなわち、実証手続の種類、時期及び範囲の決定において、内部統制の運用評価手続の実施を計画している場合）等であり、必ず運用評価手続を実施するというわけではない。

（監査基準報告書330第 7 項）

ウ．正しい。

（監査基準報告書330第13項(2)）

エ．正しい。

（監査基準報告書330第17項）

オ．正しい。

（監査基準報告書330第20項）

60 評価したリスクに対応する監査人の手続
（監査基準報告書330）（2）

《解答》 1

《解説》

ア．正しい。

（監査基準報告書330第 4 ・ 5 項）

イ．誤り。

　リスク対応手続は、内部統制の運用状況の評価手続（運用評価手続）と実証手続で構成される。（監査基準報告書330第 3 項(3)）

ウ．誤り。

　監査人は、関連するアサーションを識別していない（重要な虚偽表示リスク

を識別していない）が重要性のある取引種類、勘定残高又は注記事項に対する実証手続を立案し実施しなければならない。（監査基準報告書315第17項）

エ．誤り。

　通常、重要な虚偽表示リスクの程度が高く（低く）なるほど、監査人は、監査手続の範囲を拡大（縮小）する。（監査基準報告書330A15項）

オ．誤り。

　運用評価手続の目的は、内部統制が有効に運用されているかどうかを評価することであり、他方、詳細テストの目的は、アサーション・レベルの重要な虚偽表示を看過しないことである。そして、これら二つの目的は、同一取引に対する両手続を通じて同時に達成されることがあり、二重目的テストと呼ばれる。（監査基準報告書330A22項）

61 業務を委託している企業の監査上の考慮事項
（監査基準報告書402）

《解答》 2

《解説》

ア．誤り。

　銀行による振込処理や、証券会社による有価証券の決済など、金融機関に開設されている企業の口座において企業が個別に承認した取引処理に限定して金融機関が提供する業務には、監査基準報告書402は適用されない。（監査基準報告書402第5項）

イ．正しい。

　（監査基準報告書402第6項(1)）

ウ．誤り。

　受託会社監査人とは、委託会社ではなく、受託会社からの依頼に基づき、受託会社の内部統制に関して保証報告書を提供する監査人をいう。（監査基準報告書402第7項(6)）

エ．正しい。

　（監査基準報告書402第15項）

オ．正しい。

（監査基準報告書402第20項）

62 監査の過程で識別した虚偽表示の評価
（監査基準報告書450）（1）

《解答》 3

《解説》

ア．誤り。

　　財務諸表における虚偽表示とは、報告される財務諸表項目の金額の相違だけではなく、財務諸表項目の分類、表示又は開示と、適用される財務報告の枠組みに準拠した場合に要求される財務諸表項目の分類、表示又は開示との間の差異も含まれる。（監査基準報告書450第3項(1)）

イ．誤り。

　　監査人は、識別した虚偽表示の内容とその発生の状況が他の虚偽表示が存在する可能性を示唆しており、それらを合算した際に重要な虚偽表示となり得る他の虚偽表示が存在する可能性を示唆している場合には、監査の基本的な方針及び詳細な監査計画を修正するかどうか判断しなければならないのであって、必ず修正しなければならないわけではない。（監査基準報告書450第5項(1)）

ウ．正しい。

（監査基準報告書450第6項）

エ．誤り。

　　監査人は、監査の過程で集計したすべての虚偽表示について、適切な階層の経営者に適時に報告し、これらの虚偽表示を修正するよう経営者に求めなければならない。（監査基準報告書450第7項）

オ．正しい。

（監査基準報告書450第13項）

63 監査の過程で識別した虚偽表示の評価
（監査基準報告書450）（2）

《解答》 1

《解説》

ア．誤り。

　　監査人は、明らかに僅少なものを除き、監査の過程で識別した虚偽表示を集計しなければならない。（監査基準報告書450第4項）

イ．誤り。

　　過年度の重要性がない未修正の虚偽表示の累積的影響は、当年度の財務諸表に重要な影響を与えることがある。（監査基準報告書450A22項）

ウ．正しい。

　　（監査基準報告書450第3項(2)）

エ．正しい。

　　（監査基準報告書450第14項）

オ．正しい。

　　（監査基準報告書450A8項）

第9章 監査証拠

64 監査証拠（監査基準報告書500）（1）

《解答》 3

《解説》

ア．正しい。

監査証拠は、アサーションを裏付ける情報と矛盾する情報の両方から構成される。さらに、情報がないことそれ自体が監査証拠となる場合（例えば、依頼した陳述を経営者が拒んだ場合）がある。（監査基準報告書500 A 1 – 5 項）

イ．正しい。

（監査基準報告書500 A 4 項）

ウ．誤り。

記録や文書の閲覧の対象は、企業内に保管されている記録や文書だけではなく、企業外に保管されている記録や文書も対象となることがある。（監査基準報告書500 A 14項）

エ．正しい。

（監査基準報告書500 A 17項）

オ．誤り。

再実施とは、企業が内部統制の一環として実施している手続又は内部統制を監査人が自ら実施することによって確かめる手続である。問題文は再計算の説明である。（監査基準報告書500 A 19・20項）

65 監査証拠（監査基準報告書500）（2）

《解答》 3

《解説》

ア．誤り。

　売掛金は得意先に対する債権であり、現物とはいえない。それゆえ、売掛金に対しては有形資産の実査は適用できない。

イ．誤り。

　観察は、リスク評価手続や運用評価手続として実施されるとともに、実証手続としても実施される。

ウ．正しい。

　（監査基準報告書500 A22項）

エ．誤り。

　確認は、質問の一種であり、勘定残高とその明細に関連する情報又は現在の契約条件等について、監査人が企業の取引先等の第三者に対して問い合わせを行い、その回答を第三者から直接入手し評価する監査手続である。

　（監査基準報告書500 A18項）

オ．誤り。

　再実施は、企業が内部統制の一環として実施している手続又は内部統制を監査人が自ら実施することによって確かめる手続である。

　（監査基準報告書500 A20項）

66 特定項目の監査証拠（監査基準報告書501）

《解答》 5

《解説》

ア．誤り。

　監査人は、予期し得ない事態により実地棚卸の立会を実施することができない場合には、代替的な日に一部について実地棚卸又はその立会を実施するとと

もに、その間の取引に対して監査手続を実施しなければならない。

（監査基準報告書501第５項）

イ．誤り。

　　訴訟事件等において、以下のいずれにも該当する場合には、監査人は、監査
基準報告書705に従って、監査範囲の制約に関する限定意見を表明するか又は
意見を表明してはならない。①監査人が企業の顧問弁護士とコミュニケーショ
ンをすることを経営者が許諾しない場合、又は企業の顧問弁護士が質問書への
適切な回答を拒否している場合若しくは禁止されている場合、②代替的な監査
手続から十分かつ適切な監査証拠を入手できない場合。

（監査基準報告書501第10項）

ウ．誤り。

　　実地棚卸の立会時に棚卸資産を実査することは、監査人が棚卸資産の実在性
を確かめることに役立つが、必ずしもその所有権を確かめることはできない。

（監査基準報告書501Ａ６項）

エ．誤り。

　　実務上の理由により、実地棚卸が期末日以外の日に実施されることがある。
これは、経営者が年次の実地棚卸によって棚卸数量を決定するか、又は継続記
録を実施しているかにかかわらず、行われる場合がある。

（監査基準報告書501Ａ９項）

オ．正しい。

（監査基準報告書501Ａ13項）

67 確　認（監査基準報告書505）(1)

《解答》　3

《解説》

ア．誤り。

　　確認により入手した監査証拠は、一般的には企業が内部的に作成した証拠よ
りも証明力が強いといえるが、常に企業が内部的に作成した証拠より証明力が

強いというわけではない。（監査基準報告書505第2項）

イ．正しい。

（監査基準報告書505第5項(1)）

ウ．誤り。

積極的確認と消極的確認によって得られる監査証拠の証明力は異なり、消極的確認から入手する監査証拠は、積極的確認から入手する監査証拠と比べ証明力が弱い。（監査基準報告書505第14項）

エ．誤り。

確認手続は、勘定残高とその明細に関する情報を確認するために実施されることが多いが、企業と第三者との間の合意、契約又は取引に係る条件や付帯契約のような一定の条件の有無を確認するために実施されることがある。（監査基準報告書505A1項）

オ．正しい。

（監査基準報告書505A6項）

68 確　認 （監査基準報告書505）(2)

《解答》 2

《解説》

ア．正しい。

（監査基準報告書505A5項）

イ．誤り。

積極的確認は、確認回答者が与えられた情報に同意を示すか、確認回答者に情報の提供を求めることにより、全ての場合に監査人へ回答することを求めるものである。（監査基準報告書505A5項）

ウ．誤り。

消極的確認の回答を受領しなかったとしても、想定した確認回答者が確認依頼を受領したことや、確認状に記載した情報の正確性が検討されたことを明白に示しているわけではない。（監査基準報告書505A23項）

エ．正しい。

（監査基準報告書505第 7 項）

オ．誤り。

確認差異が確認手続の時期、測定、又は事務処理上の誤りなどに起因していると結論付けることがあり、必ずしも虚偽表示を意味するとは限らない。（監査基準報告書505A22項）

69 初年度監査の期首残高（監査基準報告書510）

《解答》 3

《解説》

ア．正しい。

（監査基準報告書510第 4 項）

イ．誤り。

監査人が、監査範囲の制約として取り扱い除外事項付意見を表明しなければならないのは、期首残高に関する十分かつ適切な監査証拠が入手できず、その影響が重要である場合であり、期首残高に関する十分かつ適切な監査証拠が入手できなかった場合に、必ず除外事項付意見を表明するわけではない。

（監査基準報告書510第 9 項）

ウ．正しい。

（監査基準報告書510第 6 項）

エ．正しい。

（監査基準報告書510A 2 項）

オ．誤り。

監査人は、期首残高に適用した適切な会計方針が当年度の財務諸表に継続して適用されているかどうか検討する必要があるのであり、前任監査人が監査を行った期間にわたって、会計方針が継続的に適用されていたか検討しなければならないわけではない。（監査基準報告書510第 7 項）

70 分析的手続（監査基準報告書520）（1）

《解答》 4

《解説》

ア．誤り。

　　分析的手続とは、財務データ相互間又は財務データと非財務データとの間に存在すると推定される関係を分析・検討することによって、財務情報を評価することをいう。分析的手続には、他の関連情報と矛盾する、又は監査人の推定値と大きく乖離する変動や関係の必要な調査も含まれる。

　　（監査基準報告書520第3項）

イ．正しい。

　　（監査基準報告書520第5項）

ウ．誤り。

　　分析的手続には、例えば、給与と従業員数の間にある、財務情報と関連する非財務情報との間の関係についての検討も含まれる。

　　（監査基準報告書520A2項）

エ．誤り。

　　一般的に、取引量が多く予測可能な取引に対して、分析的実証手続はより適合している。（監査基準報告書520A6項）

オ．正しい。

　　（監査基準報告書520A8項）

71 分析的手続（監査基準委員会報告書520）（2）

《解答》 5

《解説》

ア．誤り。

　　分析的手続とは、財務データ相互間又は財務データと非財務データとの間に存在すると推定される関係を分析・検討することによって、財務情報を評価す

るることをいう。

（監査基準報告書520第 3 項）

イ．正しい。

（監査基準報告書520Ａ 6 項）

ウ．誤り。

　　分析的手続を行うことにより、異常な状況の有無が認識できれば、リスク評価に役立つと考えられる。（監査基準報告書315Ａ25項）

エ．誤り。

　　監査人は、実証手続として分析的手続を適用する場合、監査実施の効果と効率を勘案して、分析的手続のみを実施するか、又は分析的手続をそれ以外の実証手続との組合せによって実施するかを選択する。

（監査基準報告書520第 4 項）

オ．正しい。

（監査基準報告書520Ａ15項）

72　試査（監査基準報告書530）

《解答》 1

《解説》

ア．正しい。

（監査基準報告書530Ａ 9 項）

イ．正しい。

（監査基準報告書500Ａ54項）

ウ．誤り。

　　当該状況では、必要なサンプル数は多くなる。（監査基準報告書530付録 3　 1 ）

エ．誤り。

　　本肢の状況においては、当該サンプルを、運用評価手続においては内部統制の逸脱として、詳細テストにおいては虚偽表示として扱わなければならない。

代わりのサンプルを抽出して手続を実施しなければならないのは、抽出したサンプルが監査手続の適用対象として適当でない場合である。（監査基準報告書530第9・10項）

73 会計上の見積りの監査（監査基準報告書540）（1）

《解答》 1

《解説》

ア．誤り。

　監査人の固有リスク要因の検討結果が、会計上の見積りに関する職業的懐疑心の発揮に影響する。（監査基準報告書540第8項）

イ．誤り。

　監査人は、当年度の監査のために、過年度の財務諸表に計上されている会計上の見積りの確定額、又は該当する場合には再見積額について検討しなければならない。（監査基準報告書540第13項）

ウ．正しい。

　（監査基準報告書540第19項）

エ．正しい。

　（監査基準報告書540第15項）

オ．正しい。

　（監査基準報告書540第36項）

74 会計上の見積りの監査（監査基準報告書540）（2）

《解答》 5

《解説》

ア．正しい。

　（監査基準報告書540第11項(3)）

イ．正しい。

（監査基準報告書540第11項(6)）

ウ．正しい。

（監査基準報告書540第11項(4)）

エ．正しい。

（監査基準報告書540第38項(4)）

オ．誤り。

監査人は、監査人の許容範囲を設定する場合、十分かつ適切な監査証拠により裏付けられ、適用される財務報告の枠組みにおける測定目的及び他の要求事項に照らして合理的であると評価した金額のみが含まれるように許容範囲を決定しなければならない。（監査基準報告書540第28項(1)）

75 関連当事者（監査基準報告書550）

《解答》 3

《解説》

ア．正しい。

（監査基準報告書550第2項）

イ．誤り。

監査人は、関連当事者との関係及び関連当事者との取引に伴う重要な虚偽表示リスクを識別し評価するとともに、当該リスクが特別な検討を必要とするリスクであるかどうかを判断しなければならない。したがって、関連当事者との関係及び関連当事者との取引について必ず特別な検討を必要とするリスクがあると判断するというわけではない。（監査基準報告書550第17項）

ウ．誤り。

監査人は、識別した関連当事者の名称と関連当事者との関係の内容を監査調書に記載しなければならない。（監査基準報告書550第27項）

エ．正しい。

（監査基準報告書550A6項）

76 後発事象、事後判明事実（監査基準報告書560）(1)

《解答》 3

《解説》

ア．誤り。

　　後発事象とは、期末日の翌日から監査報告書日までの間に発生した事象をいう。（監査基準報告書560第4項(3)）

イ．正しい。

　　（監査基準報告書560第9項）

ウ．正しい。

　　（監査基準報告書560A4項）

エ．誤り。

　　監査人は、財務諸表に影響を及ぼす可能性のある後発事象が発生したかどうかについて経営者に質問する際に、暫定的なデータを基に会計処理された項目の現在の状況や特定の事項について質問することがある。

　　（監査基準報告書560A8項）

77 後発事象、事後判明事実（監査基準報告書560）(2)

《解答》 4

《解説》

ア．誤り。

　　事後判明事実とは、監査報告書日後に監査人が知るところとなったすべての事実ではなく、それらのうちもし監査報告書日現在に気付いていたとしたら、監査報告書を修正する原因となった可能性のある事実である。

　　（監査基準報告書560第4項(6)）

イ．正しい。

　　（監査基準報告書560A3項）

ウ．正しい。

（監査基準報告書560A2項）

エ．誤り。

監査人は、財務諸表が発行された後に、事後判明事実を知ることとなった場合には、経営者と協議をするなどの手続を実施しなければならない。

（監査基準報告書560第13項）

オ．正しい。

（監査基準報告書560第2項(2)）

78 後発事象、事後判明事実（監査基準報告書560）(3)

《解答》 2

《解説》

ア．正しい。

（監査基準報告書560A10項）

イ．誤り。

重要な開示後発事象が適切に注記されていたとしても、監査人が財務諸表利用者に対して、当該事項を強調する必要がないと判断した場合等には、当該事項に関する追記情報の記載はなされない。（監査基準報告書706第7項）

ウ．正しい。

（監査基準報告書560第5項）

エ．誤り。

経営者が必要な財務諸表の修正又は開示を行っていない状況であるため、監査人は当該事項を意見に関する除外として取り扱うこととなる。

（監査基準報告書560第12項(1)）

79 継続企業 （監査基準報告書570）（1）

《解答》 4

《解説》

ア．誤り。

　　監査人は、経営者が継続企業を前提として財務諸表を作成することの適切性について十分かつ適切な監査証拠を入手し結論付けるとともに、入手した監査証拠に基づき、継続企業の前提に重要な疑義を生じさせるような事象又は状況に関する重要な不確実性が認められるか否かを結論付ける責任がある。

　　（監査基準報告書570第6項）

イ．正しい。

　　（監査基準報告書570第12項）

ウ．誤り。

　　監査人は、入手した監査証拠に基づき、単独で又は複合して継続企業の前提に関する重要な不確実性が認められるか否かについて形式的ではなく、実態に即して判断し、結論付けなければならない。（監査基準報告書570第17項）

エ．正しい。

　　重要な不確実性について財務諸表に適切な注記がなされている場合、監査人は無限定意見を表明し、財務諸表における注記事項について注意を喚起するために、監査報告書に「継続企業の前提に関する重要な不確実性」という見出しを付した区分を設けなければならない。

　　（監査基準報告書570第21項）

オ．誤り。

　　監査人は、継続企業を前提として財務諸表が作成されている場合に、継続企業を前提として経営者が財務諸表を作成することが適切でないと判断したときには、意見を表明してはならないのではなく、否定的意見を表明しなければならない。（監査基準報告書570第20項）

80 継続企業 (監査基準報告書570) (2)

《解答》 5

《解説》

ア．誤り。

継続企業の前提に関する監査人の責任は、あくまでも二重責任の原則に裏付けられたものであり、企業の事業継続能力そのものを認定し、企業の存続を保証することにはない。(監査基準報告書570第7項)

イ．正しい。

(監査基準報告書570第21項)

ウ．誤り。

経営者は、継続企業の前提に関する重要な不確実性が認められるまでには至らない場合であっても、有価証券報告書等における財務諸表以外の「事業等のリスク」等において適切に開示する必要がある。

(監査・保証実務委員会報告第74号3)

エ．正しい。

(監査基準報告書570A34項)

81 経営者確認書 (監査基準報告書580)

《解答》 3

《解説》

ア．誤り。

経営者確認書は、必要な監査証拠であるが、経営者確認書自体は、記載されている事項に関する十分かつ適切な監査証拠とはならない。

(監査基準報告書580第4項)

イ．誤り。

経営者確認書は、財務諸表、財務諸表におけるアサーション又はこれらの基礎となる帳簿及び記録を含まない。(監査基準報告書580第6項)

ウ．正しい。

（監査基準報告書580第10項(2)）

エ．誤り。

経営者確認書の日付は、財務諸表に対する監査報告書日より後であってはならない。（監査基準報告書580第13項）

オ．正しい。

（監査基準報告書580第14項）

第10章 他者の作業の利用

82 グループ監査 (監査基準報告書600)

《解答》 3

《解説》

ア．正しい。

(監査基準報告書600第8項 (13))

イ．誤り。

グループ監査チームは、構成単位の財務諸表に対して意見を表明するのではなく、グループ財務諸表に対して意見を表明する。よって、グループ財務諸表の意見表明の基礎となる十分かつ適切な監査証拠を入手することを合理的に見込めるかどうかを判断しなければならない。

(監査基準報告書600第11項)

ウ．正しい。

グループ監査チームは、構成単位の財務情報に関する作業の実施を構成単位の監査人に依頼する場合には、構成単位の監査人に関して理解しなければならない。(監査基準報告書600第18項、A30項)

エ．正しい。

(監査基準報告書600第11項)

オ．誤り。

構成単位の監査人がグループ財務諸表の監査に関連のある独立性に関する規定を遵守していない場合、又はグループ監査チームが構成単位の監査人が職業的専門家としての能力を有しているかどうか等について重大な懸念を抱いてい

る場合には、構成単位の監査人に作業の実施を依頼することは出来ないのであって、抱いている懸念が重大でない場合には、グループ監査チームが構成単位の監査人の作業に関与すること等により、それを克服できる場合があるため、作業を依頼できないわけではない。

(監査基準報告書600第19項、A38項)

83 内部監査人の作業の利用 （監査基準報告書610）

《解答》 5

《解説》

ア．誤り。

監査人が財務諸表監査において実施する監査手続と同様の手続を企業の内部監査人が実施していることがあるが、監査人と企業の内部監査機能の目的は異なる。

(監査基準報告書610A4項)

イ．誤り。

内部監査人が監査人によって実施される監査手続と同様の手続を実施する場合でも、内部監査人は財務諸表監査において監査人に要求される独立性を保持しているわけではない。(監査基準報告書610第8項)

ウ．誤り。

監査人は、表明した監査意見に単独で責任を負うものであり、その責任は内部監査人の作業を利用したとしても軽減されるものではない。

(監査基準報告書610第8項)

エ．正しい。

(監査基準報告書610第22項)

オ．正しい。

(監査基準報告書610第12項(1))

84 専門家の業務の利用（監査基準報告書620）

《解答》 4

《解説》

ア．誤り。

　監査人が利用する専門家には、監査人が業務を依頼する外部の専門家のみならず、監査人の雇用する内部の専門家（監査事務所又はネットワーク・ファームの社員等）を含む。

　（監査基準報告書620第5項(1)）

イ．誤り。

　専門家が外部の専門家又は内部の専門家であるかどうかにかかわらず、監査人と専門家の間でこれらの事項を合意することが要求されている。（監査基準報告書620A23項）

ウ．正しい。

　（監査基準報告書620第9項）

エ．正しい。

　監査人が、専門家の業務が監査人の目的に照らして適切ではないと判断した場合には、(1)専門家が実施する追加業務の内容及び範囲についての当該専門家との合意、(2)監査人による、個々の状況において適切な追加的監査手続の実施のいずれかを行わなければならない。（監査基準報告書620第12項）

オ．誤り。

　監査報告書において監査人の専門家の業務を利用したことに言及するときには、「当該事項が監査意見に影響を及ぼさないこと」ではなく、「当該記載が監査意見に対する監査人の責任を軽減しないこと」を監査報告書において示さなければならない。（監査基準報告書620第14項）

第11章
監査の結論及び報告

解答・解説編

85 財務諸表に対する意見の形成と監査報告
(監査基準報告書700) (1)

《解答》 3

《解説》

ア．正しい。

　　(監査基準報告書700第9項)

イ．正しい。

　　(監査基準報告書700第14項)

ウ．誤り。

　　監査報告は記載されたものでなければならないが、必ず紙媒体によらなければならないというわけではない。(監査基準報告書700第18項、A18項)

エ．正しい。

　　(監査基準報告書700第26項(4))

オ．正しい。

　　監査報告書には、監査事務所の所在地を記載しなければならない。我が国の場合、監査事務所の所在地として、例えば、監査責任者が執務する事業所の都市名又は登記されている事務所名を記載する。なお、国内のみで流通することを前提に日本語で作成された監査報告書は、監査報告書に監査事務所の所在地を記載する必要性は乏しいためその記載を省略することができるとされていたが、改正により省略できなくなった。(監査基準報告書700第43項、A56項)

86 財務諸表に対する意見の形成と監査報告
（監査基準報告書700）（2）

《解答》 1

《解説》

ア．誤り。

　　監査人は、財務諸表が適用される財務報告の枠組みに準拠して作成されているかどうかの評価にあたっては、経営者の判断に偏向が存在する兆候等、企業の会計実務の質的側面も勘案しなければならない。

　　（監査基準報告書700第10項）

イ．正しい。

　　監査人は、財務諸表監査に当たって、財務諸表の名称を含め、財務諸表で使用されている用語は適切であるかどうかについて評価することが求められる。

　　（監査基準報告書700第11項(6)）

ウ．正しい。

　　適正表示の枠組みでは、適用される財務報告の枠組みにおいて要求される事項に準拠して財務諸表を作成したとしても、財務報告の枠組みにおいて具体的に要求されている以上の注記や、財務報告の枠組みからの離脱が必要な場合があることから、作成された財務諸表が適正に表示されているとは認められない場合がある。（監査基準報告書700第16項）

エ．正しい。

　　準拠性の枠組みでは、適用される財務報告の枠組みにおいて要求される事項の遵守が求められるのみであるため、財務諸表が準拠性の枠組みに準拠して作成されている場合、監査人は、財務諸表が適正に表示されているかどうか評価することを求められない。（監査基準報告書700第17項）

オ．正しい。

　　適用される財務報告の枠組みが国際会計基準ではない我が国の財務諸表監査においては、通常、「我が国において一般に公正妥当と認められる企業会計の基準に準拠して……」と記載される。（監査基準報告書700第25項）

87 独立監査人の監査報告書における除外事項付意見
（監査基準報告書705）（1）

《解答》 2

《解説》

ア．正しい。

（監査基準報告書705第４項(2)）

イ．誤り。

　監査人が、全体としての財務諸表に対して否定的意見を表明する、又は意見不表明とすることが必要であると判断する場合、監査報告書に、単独の財務諸表（例えば貸借対照表）、若しくは財務諸表の特定の構成要素（例えば総資産）、勘定又は項目が適用される財務報告の枠組みに準拠しているという無限定意見を併せて表明してはならない。これは、一つの監査報告書にそのような無限定意見を含めることは、全体としての財務諸表に対する否定的意見又は意見不表明と矛盾するためである。（監査基準報告書705第14項）

ウ．誤り。

　財務諸表に、定性的な注記事項に関連する重要な虚偽表示が存在する場合、監査人は、監査意見の根拠の区分に、当該虚偽表示の内容について記載しなければならない。（監査基準報告書705第21項）

エ．正しい。

（監査基準報告書705第15項）

オ．誤り。

　監査人は、十分かつ適切な監査証拠を入手できないため意見を表明しない場合であっても、監査人の責任と監査範囲について、「当監査法人の責任は、当監査法人が、一般に公正妥当と認められる監査の基準に準拠して実施した監査に基づいて、独立の立場から財務諸表に対する意見を表明することにある。しかしながら、「意見不表明の根拠」に記載した事項により、当監査法人は、意見表明の基礎となる十分かつ適切な監査証拠を入手することができなかった。」等の記載をしなければならない。（監査基準報告書705第27項）

《解答》 2

《解説》

ア．誤り。

本肢の状況では、否定的意見を表明しなければならない。

（監査基準報告書705第4項(2)、第7項）

イ．正しい。

平成30年の監査基準の改訂により、監査報告書の区分が変化し、まず、「監査意見」の区分を設け、次に「監査意見の根拠」の区分を設けることになった。このことは、意見の種類を問わない。（監査基準報告書700第26項）

ウ．正しい。

監査人は、財務諸表に対して否定的意見（不適正意見）を表明する、又は意見を表明しない場合に、否定的意見（不適正意見）又は意見不表明の原因となる事項以外に除外事項付意見の原因となる事項を監査人が識別している場合には、当該事項についても全て、監査意見の根拠の区分に、その内容及びそれによる影響を記載しなければならない。

（監査基準報告書705第26項）

エ．誤り。

監査人が意見を表明しない場合には、監査報告書に「監査人の責任は、監査人が、一般に公正妥当と認められる監査の基準に準拠して実施した監査に基づいて、独立の立場から財務諸表に対する意見を表明することにある。しかしながら、「意見不表明の根拠」に記載した事項により、当監査法人は、意見表明の基礎となる十分かつ適切な監査証拠を入手することができなかった。」旨の記載がなされる。（監査基準報告書705第27項）

オ．誤り。

監査人は、監査報告書において除外事項付意見の表明が見込まれる場合、その原因となる状況と、除外事項付意見の文言の草案について、監査役等に報告しなければならない。（監査基準報告書705第29項）

89 独立監査人の監査報告書における強調事項区分とその他の事項区分 （監査基準報告書706）（1）

《解答》 4

《解説》

ア．正しい。

(監査基準報告書706第6項(2))

イ．誤り。

　監査人は、財務諸表に表示又は開示されている事項について、利用者が財務諸表を理解する基礎として重要であるため、当該事項を強調して利用者の注意を喚起する必要があると判断し、かつ以下のいずれにも該当する場合、監査報告書に「強調事項」区分を設けなければならない。

(1)　監査基準報告書705「独立監査人の監査報告書における除外事項付意見」に従い強調事項に関連して除外事項付意見を表明する必要がないと判断している。

(2)　監査基準報告書701が適用される場合、「強調事項」区分への記載を検討する事項が、監査上の主要な検討事項に該当しないと判断している。

　よって、(1)(2)の一方でも該当している場合に、強調事項区分を設けなければならないとしている本肢は誤りである。(監査基準報告書706第7項)

ウ．正しい。

(監査基準報告書706A16項)

エ．正しい。

(監査基準報告書706第11項)

オ．誤り。

　強調事項区分を多用すると、強調事項の記載の有効性を損ねることになる。

　よって、些細な事項を強調事項として記載するのは適切ではない。(監査基準報告書706A6項)

90 独立監査人の監査報告書における強調事項区分と その他の事項区分 (監査基準報告書706) (2)

《解答》 6

《解説》

ア．誤り。

　　監査人は、監査報告書に強調事項区分を設ける場合、「強調事項」という用語を含めた適切な見出しを付さなければならないのであり、「強調事項」以外の見出しを付すこともできる。(監査基準報告書706第8項(1))

イ．誤り。

　　監査人は、必要と認めるときは、監査報告書にその他の事項区分を設けて、当該事項を記載することができるが、当該記載の対象は、法令等によって監査報告書に記載することが禁止されていない事項でなければならない。(監査基準報告書706第9項(1))

ウ．正しい。

　　我が国の公認会計士法の規定により要求される利害関係の記載は、法令等又は一般に認められる実務慣行によって、財務諸表監査における監査人の責任又は監査報告書についての追加的な説明を記載することが監査人に要求されている又は認められている場合に該当する。そのため利害関係の記載は「その他の事項区分」の記載に含まれる。(監査基準報告書706A11項)

エ．正しい。

　　(監査基準報告書706A7項)

91 過年度の比較情報—対応数値と比較財務諸表 (監査基準報告書710) (1)

《解答》 3

《解説》

ア．正しい。

　　(監査基準報告書710第5項(2))

イ．正しい。

（監査基準報告書710第 7 項）

ウ．誤り。

　監査人は、以前に発行した前年度の監査報告書において除外事項付意見（すなわち限定意見、否定的意見、又は意見不表明）が表明されており、かつ当該除外事項付意見の原因となった事項が未解消の場合、監査人は、当年度の財務諸表に対して除外事項付意見を表明しなければならない。

　（監査基準報告書710第10項）

エ．誤り。

　比較財務諸表の場合、監査人は、監査意見を表明するすべての対象年度について、経営者確認書に記載することを要請する。他方、対応数値の場合、監査人は、当年度の財務諸表のみについて、経営者確認書に記載することを要請することになる。（監査基準報告書710Ａ 1 項）

オ．正しい。

　（監査基準報告書710Ａ 2 項）

92 過年度の比較情報―対応数値と比較財務諸表
（監査基準報告書710）（2）

《解答》 5

《解説》

ア．誤り。

　当該記載によりこの責任は免除されない。（監査基準報告書710第13項）

イ．正しい。

　（監査基準報告書710第17項）

ウ．誤り。

　当該記載を要請しなければならない。

　（監査基準報告書710Ａ 1 項）

エ．正しい。

　このほかに、比較情報に適用した会計方針又は表示方法が当年度に適用した会計方針又は表示方法と一致しているかどうか、また、会計方針又は表示方

の変更があった場合には、当該変更が適切に処理され、その表示及び注記事項が妥当かどうか検討することが求められる。

（監査基準報告書710第6項）

93 監査した財務諸表が含まれる開示書類におけるその他の記載内容に関連する監査人の責任（監査基準報告書720）

《解答》 3

《解説》

ア．正しい。

（監査基準報告書720第11項(1)）

イ．正しい。

（監査基準報告書720第13項）

ウ．誤り。

監査人は、年次報告書を構成する文書の最終版を、適時に、また可能であれば監査報告書日以前に入手するため、経営者と適切な調整を行う。（監査基準報告書720第12項(2)）

エ．誤り。

監査人は、その他の記載内容を通読することにより重要な相違を識別した場合、監査した財務諸表又はその他の記載内容を修正する必要があるかどうかを判断しなければならない。当該判断の結果、監査した財務諸表又はその他の記載内容を修正する必要があると判断する場合も考えられる。

（監査基準報告書720第15項）

オ．正しい。

（監査基準報告書720第17項）

第12章

その他の考慮事項

《解答・解説編》

94 監査人の交代 （監査基準報告書900）

《解答》 3

《解説》

ア．誤り。

　　前任監査人とは、前年度の財務諸表の監査報告書を提出したか、又は当年度の財務諸表の監査に着手したものの監査報告書を提出していない別の監査事務所に属する退任した者のことをいう。（監査基準報告書900第5項(2)）

イ．誤り。

　　監査人予定者及び監査人は、前任監査人に対して監査業務の引継を求めなければならない。監査業務の引継は、主に、監査人予定者及び監査人による質問及び監査調書の閲覧によって実施される。（監査基準報告書900第8項）

ウ．正しい。

　　（監査基準報告書900第14項）

エ．誤り。

　　前任監査人は、監査人予定者及び監査人に対して監査業務の十分な引継を実施することができない場合であっても、可能な範囲で監査業務の引継を実施しなければならない。（監査基準報告書900第16項）

オ．正しい。

　　（監査基準報告書900第18項）

95 中間監査 （監査基準報告書910）

《解答》 3

《解説》

ア．正しい。

　　（監査基準報告書910第2項）

イ．誤り。

　　監査人は、年度監査に係る重要性の基準値を下限とするのではなく、上限として、中間監査に係る重要性の基準値を設定しなければならない。（監査基準報告書910第7項）

ウ．正しい。

　　（監査基準報告書910第10項）

エ．正しい。

　　監査人は、中間監査においては年度監査と同一の監査手続を実施する必要はないが、分析的手続及び質問を中心とする監査手続は必ず実施しなければならない。（監査基準報告書910第12項）

オ．誤り。

　　監査人は中間監査においても、経営者確認書を入手しなければならない。（監査基準報告書910第24項）

第13章
品質管理基準委員会報告書
《解答・解説編》

96 監査事務所における品質管理
（品質管理基準報告書第1号・第2号）(1)

《解答》 4

《解説》

ア．誤り。

　審査担当者は、監査チームのメンバーであってはならない。

　（品質管理基準報告書第2号第18項）

イ．正しい。

　監査業務の品質を合理的に確保するものでなければならないが、複数の監査事務所の品質管理システムが同一なものである必要はない。

　（品質管理基準報告書第1号第63JP項）

ウ．正しい。

　（品質管理基準報告書第1号F22－2JP項）

エ．誤り。

　定期的な検証は、意見を表明する前に実施するものではなく、完了した監査に対して実施されるものである。（品質管理基準報告書第1号第38項）

97 監査事務所における品質管理
（品質管理基準報告書第1号・第2号）(2)

《解答》 6

《解説》

ア．誤り。

監査事務所の外部の検証は、監査事務所のモニタリング活動を代替するものではない。

（品質管理基準報告書第1号A150項）

イ．誤り。

両責任者は兼任されることもあるが、それが義務付けられるわけではない。

（品質管理基準報告書第1号FA38－2JP項）

ウ．正しい。

（品質管理基準報告書第1号A135－2JP項）

エ．正しい。

（品質管理基準報告書第1号第53項）

98 監査事務所における品質管理
（品質管理基準報告書第1号・第2号）(3)

《解答》5

《解説》

ア．誤り。

特定の監査業務に関して審査担当者を選任しない場合、会議体による審査を実施することができる。（品質管理基準報告書第2号A4－2JP項）

イ．正しい。

（品質管理基準報告書第2号第19項）

ウ．誤り。

監査事務所は、職業的専門家としての基準及び適用される法令等に従って監査業務が実施されなかったこと、又は監査事務所の方針若しくは手続が遵守されなかったことに関する、不服と疑義の申立てを受領し、調査し、また解決するための方針又は手続を定めなければならない。

（品質管理基準報告書第1号第34項(3)）

エ．正しい。

（品質管理基準報告書第1号第39項）

第 **3** 部
監査基準の改訂
（令和 2 年）等

99 監査における不正リスク対応基準(1)

《解答》 5

《解説》

ア．正しい。

　不正リスク対応基準は、企業の不正による重要な虚偽表示のリスクにより有効に対応することにより、我が国資本市場の透明性、公正性を確保することが最終的な目的となっているところから、すべての監査において適用されるのではなく、主として、財務諸表及び監査報告について広範囲な利用者が存在する金融商品取引法に基づいて開示を行っている企業（非上場企業のうち資本金5億円未満又は売上高10億円未満かつ負債総額200億円未満の企業は除く。）に対する監査において適用することを念頭に作成されている。

　（監査における不正リスク対応基準の設定について二3(1)）

イ．誤り。

　不正リスク対応基準は、現行の監査基準、監査に関する品質管理基準からは独立した基準とすることとされている。しかしながら、法令により準拠が求められている場合は、監査基準及び品質管理基準とともに、一般に公正妥当と認められる監査の基準を構成し、監査基準及び品質管理基準と一体となって適用されるものである。

　（監査における不正リスク対応基準の設定について二3(2)）

ウ．正しい。

　監査事務所としてより慎重な審査とは、例えば、大規模監査事務所の場合には、監査事務所本部における審査など、小規模事務所の場合には、社員全員による社員会における審査などが該当する。

　（監査における不正リスク対応基準の設定について二4(4)③）

エ．誤り。

　監査人は、不正リスクに対応する手続として積極的確認を実施する場合において、回答がない又は回答が不十分なときには、安易に代替的な手続に移行してはならない。代替的な手続を実施するには、当該手続により監査要点に適合

した証明力のある監査証拠が入手できるかどうかを判断しなければならない。

（監査における不正リスク対応基準の設定について二4(3)②）

100 監査における不正リスク対応基準(2)

《解答》 1

《解説》

ア．正しい。

　　不正リスク対応基準の検討においては、一定の場合には、通常の審査より慎重な審査が求められることになった。しかし、一方で、公認会計士の行う監査業務が多様化する中で、特定の目的のために監査が義務づけられ、社会的影響も小さく、監査報告の利用者も限定されているようなものの中には、上場会社に対して行っている監査と同様の審査を求める必要はないものもあるのではないかとの指摘があり、国際的な監査の基準においても、上場会社とそれ以外の企業に対する審査は、その取扱いに差を設けているところである。こうしたことから、品質管理の方針及び手続において、意見が適切に形成されていることを確認できる審査に代わる他の方法が定められている場合には、審査を受けないことができることが明記されることとなった。

　　（監査基準の改訂について（平成25年）二1）

イ．正しい。

　　（監査における不正リスク対応基準の設定について二4(3)⑤）

ウ．誤り。

　　監査人は、不正による重要な虚偽の表示の疑義があると判断した場合には、被監査会社への予告の無い往査を実施することが有効な場合があるが、予告の無い往査が義務付けられているわけではない。

　　（監査における不正リスク対応基準の設定について二4(3)①）

エ．誤り。

　　「取引先企業の監査人との連携」は、不正リスク対応基準設定の議論の中では取り上げられていたが、現在公表されている不正リスク対応基準においては、

規定されていない。（監査における不正リスク対応基準の設定について一2）

101 監査における不正リスク対応基準(3)

《解答》 4

《解説》

ア．誤り。

監査人は、監査実施の過程において経営者の関与が疑われる不正を発見した場合には、監査役等に報告し、協議の上、経営者に問題点の是正等適切な措置を求めるとともに、当該不正が財務諸表に与える影響を評価しなければならない。（監査における不正リスク対応基準第二18）

イ．正しい。

（監査における不正リスク対応基準の設定について二3(3)）

ウ．正しい。

（監査における不正リスク対応基準の設定について二4(2)）

エ．誤り。

監査人は、監査実施の過程において、不正による重要な虚偽の表示を示唆する状況を識別した場合には、不正による重要な虚偽の表示の疑義が存在していないかどうかを判断するために、経営者に質問し説明を求めるとともに、追加的な監査手続を実施しなければならない。（監査における不正リスク対応基準第二10）

102 平成26年監査基準の改訂について
（特別目的の財務諸表の監査）(1)

《解答》 3

《解説》

ア．正しい。

（監査基準の改訂について（平成26年）一1）

イ．誤り。

財務諸表における表示が利用者に理解されるために適切であるかどうかの判断における、財務諸表の利用者が財政状態や経営成績等を理解するに当たって財務諸表が全体として適切に表示されているか否かについての一歩離れて行う評価は、準拠性に関する意見の表明の場合には行われない。

　（監査基準の改訂について（平成26年）二1）

ウ．誤り。

　準拠性に関する意見の表明については、適正性に関する意見表明と異なる報告基準を改めて規定するのではなく、適正性に関する意見の表明を前提とした報告基準に準じることとなる。（監査基準の改訂について（平成26年）二3）

エ．正しい。

　（監査基準第一2）

103 平成26年監査基準の改訂について
（特別目的の財務諸表の監査）(2)

《解答》 3

《解説》

ア．正しい。

　（監査基準の改訂について（平成26年）一1）

イ．誤り。

　財務諸表の表示が適切かどうかの判断における一歩離れての評価とは、財務諸表利用者が財政状態や経営成績等を理解するにあたり財務諸表が全体として適切に表示されているか否かについての評価であり、会計方針の選択や適用方法が会計事象や取引の実態を適切に反映しているかどうかに関する評価ではない。

　（監査基準の改訂について（平成26年）二1）

ウ．誤り。

　準拠性に関する意見の表明においても、財務諸表には重要な虚偽の表示がないかどうかの合理的な保証を得て監査意見を表明しなければならないことに変わりはない。

（監査基準の改訂について（平成26年）一1）

エ．正しい。

（監査基準の改訂について（平成26年）二2）

104 特別目的の財務報告の枠組みに準拠して作成された財務諸表に対する監査
（監査基準報告書800）

《解答》 1

《解説》

ア．正しい。

（監査基準報告書800第9項）

イ．正しい。

（監査基準報告書800A2項）

ウ．誤り。

適用される財務報告の枠組みが、特別目的の財務諸表に関する基準を公表する権限を有する会計基準設定主体により公表されている場合において、当該設定主体が確立された透明性のあるプロセスに従っているのであれば、当該財務報告の枠組みは、特別目的の財務報告の枠組みとして受入可能なものであると推定される。（監査基準報告書800A6項）

エ．誤り。

特別目的の財務諸表は、想定されていない目的に利用されることがある。（監査基準報告書800A20項）

105 個別の財務表又は財務諸表項目等に対する監査
（監査基準報告書805）

《解答》 4

《解説》

ア．誤り。

監査人は、企業の完全な一組の財務諸表全体に対して否定的意見を表明する、又は意見不表明とすることが必要であると判断する場合、監査基準報告書705

第14項に基づき、一つの監査報告書に、当該完全な一組の財務諸表の一部を構成する個別の財務表又は財務諸表項目等に対する無限定意見を含めてはならない。（監査基準報告書805第14項）

イ．正しい。

　　（監査基準報告書805第13項）

ウ．正しい。

　　（監査基準報告書805第15項）

エ．誤り。

　　本肢のような対応はできない。これは、個別の財務表は当該完全な一組の財務諸表の主要部分を構成するとみなされるためである。

　　（監査基準報告書805第16項）

106 監査上の主要な検討事項(1)

《解答》 4

《解説》

ア．誤り。

　　監査上の主要な検討事項とは、「当年度」の財務諸表監査において、監査人が職業的専門家として特に重要であると判断した事項のことである。

　　（監査基準報告書701第7項）

イ．正しい。

　　（監査基準報告書701第7項）

ウ．正しい。

　　（監査基準の改訂について（平成30年）二1(1)）

エ．誤り

　　監査上の主要な検討事項の記載を有意義なものとするためには、監査人は財務諸表の監査の過程を通じて監査役等と適切な連携を図った上で、監査人が監査役等に対して行う報告内容を基礎として、当該財務諸表の監査に固有の情報を記載することが重要である。また、財務諸表利用者にとって有用なものとな

るように、監査人は、過度に専門的な用語の使用を控えて分かりやすく記載するよう留意する必要がある。

（監査基準の改訂について（平成30年）二1(3)）

107 監査上の主要な検討事項(2)

《解答》 6

《解説》

ア．誤り。

監査人は、企業及び監査に関する事実及び状況を踏まえて、報告すべき監査上の主要な検討事項がない場合、監査報告書に「監査上の主要な検討事項」の見出しを付した区分を設けて、その旨を記載しなければならない。

なお、除外事項付意見を表明する原因となる事項、又は継続企業の前提に関する重要な不確実性以外に監査上の主要な検討事項がない場合、又は個別財務諸表の監査報告書において監査上の主要な検討事項の内容等の記載を省略している場合も同様の対応が必要となる。

（監査基準報告書701第15項）

イ．誤り。

監査人は、①法令等により、当該事項の公表が禁止されている場合、②監査報告書において報告することにより生じる不利益が公共の利益を上回ると合理的に見込まれるため、監査人が当該事項について報告すべきでないと判断した場合のいずれかに該当する場合を除き、監査報告書に監査上の主要な検討事項を記載しなければならない。よって、②の場合に、「記載しなければならない」とする本肢は誤りである。

（監査基準報告書701第13項）

ウ．正しい。

（監査基準報告書705第28項）

エ．正しい。

（監査基準報告書701Ａ7項）

108 監査上の主要な検討事項(3)

《解答》 1

《解説》

ア．正しい。

（監査基準の改訂について（平成30年）一）

イ．正しい。

（監査基準報告書701第16項）

ウ．誤り。

監査人が追加的な情報開示を促した場合において経営者が情報を開示しないときに、監査人が監査の基準に基づき正当な注意を払って職業的専門家としての判断において当該情報を監査上の主要な検討事項に含めることは、監査人の守秘義務が解除される正当な理由に該当する。よって、監査人が開示する必要があると判断しただけで、守秘義務が解除されるわけではなく、また、未公表の情報を開示する必要があると判断した場合には、監査人は経営者に追加の情報開示を促すとともに、必要に応じて監査役等と協議を行うことが適切である。

（監査基準報告書701A36・55項）

エ．誤り。

監査上の主要な検討事項は、監査の内容に関する情報を提供するものであるため、通常、企業に関する未公表の情報の提供を意図するものではない。（監査基準報告書701A36項）

109 監査上の主要な検討事項(4)

《解答》 2

《解説》

ア．正しい。

除外事項付意見を表明する原因となる事項、又は継続企業の前提に関する重要な不確実性は、その性質上、監査上の主要な検討事項に該当する。しかし、

それらの事項について記載する区分は別に存在し、監査報告書の「監査上の主
要な検討事項」区分に記載してはならない。

（監査基準報告書701第14項）

イ．誤り。

監査人は、監査上の主要な検討事項であると決定された事項について監査報
告書において報告しないと監査人が判断した場合はその根拠を、監査調書に含
めなければならない。

（監査基準報告書701第17項）

ウ．正しい。

（監査基準報告書701第12項）

エ．誤り。

「強調事項」区分の利用は、監査上の主要な検討事項の記載の代替とはなら
ない。

（監査基準報告書706Ａ１項）

110 令和２年の監査基準の改訂について

《解答》 3

《解説》

ア．正しい。

（監査基準の改訂について（令和２年）二 2(1)）

イ．誤り。

財務諸表全体レベルにおいては、固有リスク及び統制リスクを結合した重要
な虚偽表示のリスクを評価する考え方が維持されている。（監査基準の改訂に
ついて（令和２年）二 2(1)）

ウ．誤り。

財務諸表項目レベルにおける評価において、虚偽の表示が生じる可能性と当
該虚偽の表示が生じた場合の影響の双方を考慮して、固有リスクが最も高い領
域に存在すると評価したリスクを特別な検討を必要とするリスクと定義するこ

ととした。

　（監査基準の改訂について（令和２年）二2(1)）

エ．正しい。

　（実施基準三3）

資格の大原は 一発合格主義！

多くの方が一発合格できるその理由

受験指導のプロ！常勤講師！

資格の大原の講師陣は、
会計士**受験指導に特化したプロ集団**。
豊富な知識と経験を生かして、
受験生を**一発合格へと導きます**。

講 **1** 師

教 **2** 材

徹底的にこだわったオリジナル！

講師が**試験傾向に合わせて毎年改訂**する
大原オリジナル教材。
一発合格を目指すなら、
使いやすさ抜群の大原の教材です。

負担を抑えて合格レベルに到達！

多くの一発合格者を輩出した大原が
試験を徹底的に分析。
蓄積された**データを基に設計**された
合格カリキュラム。

3 カリキュラム

詳しくはWebで！「大原の公認会計士講座の特長」

正誤・法改正に伴う修正について

本書掲載内容に関する正誤・法改正に伴う修正については「資格の大原書籍販売サイト　大原ブックストア」の「正誤・改正情報」よりご確認ください。

https://www.o-harabook.jp/
資格の大原書籍販売サイト　大原ブックストア

内容に関する解説指導・ご質問対応等は行っておりません。
予めご了承ください。

大原の公認会計士受験シリーズ
短答式対策　監査論　試験に出る問題集（8版）

2016年2月25日　初版発行
2023年5月1日　　8版発行

■著　　　者——資格の大原　公認会計士講座
■発　行　者——大原出版株式会社
　　　　　　　　〒101-0065
　　　　　　　　東京都千代田区西神田1-2-10
　　　　　　　　TEL 03-3292-6654
■印刷・製本——奥村印刷株式会社